MÉTODO SATORI

Método Satori

El arte de desarrollar compañías de
alto desempeño a través del liderazgo

Guillermo Suárez

Método Satori
Primera edición, junio 2022

© Guillermo Suárez, 2022
www.satorilatam.com
contactanos@satorilatam.com
satoribook@satorilatam.com

Escrito por: Guillermo Suárez
Edición y diagramación:
David Manangón
Publicado por: Marcel Verand

El presente texto es de única responsabilidad del autor. Queda prohibida su total o parcial reproducción por cualquier medio de impresión o digital en forma idéntica, extractada o modificada, en castellano o en cualquier idioma, sin autorización expresa del autor.

Realidad Aumentada

Este libro contiene elementos de Realidad Aumentada (AR). Cuando veas en las imágenes las frase *Activa tu cámara*, quiere decir que las podrás escanear a través de tu celular. Para disfrutar de una experiencia que mezcle las interacciones del mundo virtual y el mundo físico por medio de la cámara de tu dispositivo móvil, descarga la App en Google Play, la encuentras como: *Satori AR.*

Logramos este tipo de interacciones gracias al trabajo creativo y tecnológico de Caiman Digital.

Instrucciones **App Satori AR**

Pasos para usar la aplicación de *Realidad Aumentada Satori AR*

1. Busca en la Play Store la aplicación llamada *Satori AR* y descárgala.

2. Instala la aplicación y habilita los permisos solicitados para la instalación de la App.

3. Una vez instalada la App, ábrela y espera a que la cámara de tu dispositivo se active. Luego, apunta tu cámara hacia las imágenes del libro donde aparezca la frase *Activa tu cámara,* esto indica que se puede realizar una interacción en Realidad Aumentada.

4. Disfruta de las 4 experiencias que contiene el libro.

*Requerimiento de uso:

Sistema Android 8.1 o superior.

ÍNDICE

Prólogo — 11

Introducción AR — 15

Introducción — 17

Capítulo 1 | Quiebre — 21

Capítulo 2 | Autoliderazgo — 29

    Herramientas y prácticas de India — 47

Capítulo 3 | Trabajo en equipo — 51

    Herramientas y prácticas de Japón — 67

Capítulo 4 | Innovación, transformación digital — 71

    Herramientas y prácticas de los Países Nórdicos — 91

Capítulo 4 | Sostenibilidad e Inclusión — 95

    Herramientas y prácticas de Sostenibilidad e Inclusión — 107

Capítulo 5 | Las enseñanzas de Grecia — 111

    Herramientas y prácticas de Grecia, filosofía Estoica — 133

Capítulo 6 | Factor confianza — 137

Herramientas y Prácticas de Estados Unidos, liderazgo digital — 155

Capítulo 7 | La promesa — 161

Epílogo — 171

Agradecimientos — 173

Caiman Digital — 177

Prólogo

Al terminar la lectura de este maravilloso libro, y después de un momento de reflexión, concluí que hay dos palabras que lo resumen muy bien: simple y robusto. Es simple por la forma magistral como Guillermo expone temas complicados y complejos a través de una metáfora muy fácil y amena de seguir. Al mismo tiempo, robusto, porque ha logrado incorporar un conjunto exhaustivo de prácticas y herramientas de management de última generación, de tal manera que es fácil entenderlas, y fácil pensar cómo y cuándo aplicarlas. Y como todo lo simple es poderoso, el poder transformador de este libro transciende el ambiente laboral, de hecho, me llevó a una reflexión profunda sobre cómo lidero mi propia vida, cómo lidero a mi familia, cómo lidero mis relaciones personales, cómo lidero los startups que ayudo a crear, y cómo lidero las organizaciones que acompaño como consultor.

Conozco a Guillo hace muchos años y considero que él mismo es un ejemplo del poder que hay detrás del método que expone en su libro, el Método Satori. Guillermo mismo es el resultado del método Satori aplicado no solamente en su vida profesional, sino a su vida personal. Los últimos cinco años he podido ser testigo del crecimiento exponencial en su carrera. Lo he visto convertirse en un profesional de impacto global, desarrollando un alto rendimiento no solo en compañías, sino en muchas personas, todo gracias a su compromiso de ser una persona y líder de alto rendimiento. El valor de este libro para el lector, sin duda, está en el hecho de que su autor es producto de su producto.

Fue una gran sorpresa para mí encontrarme con un primer capítulo que trata sobre liderazgo personal. Muchas veces cuando enfrento desafíos organizacionales, típicamente busco pensar cómo resolverlos desde la perspectiva de los procesos, las herramientas, e incluso desde el punto de vista de otras personas. No siempre es tan directa la reflexión de que lo primero que tengo que resolver está dentro mí mismo. Lo primero que debo hacer es cambiar yo, para estar en la correcta posición para crear valor a través de mis propios valores. Desarrollar organizaciones de alto rendimiento no se trata de una tarea corporativa más, se trata de comprender que el alto desempeño de una organización está fuertemente ligado al rendimiento de sus líderes, y el rendimiento de los líderes depende de qué tanto esté integrado su estilo de liderazgo con una fuerte estructura de valores individuales.

El viaje propuesto por Guillermo produce una reflexión individual, fue maravilloso inspirarme con los principios del trabajo en equipo expuestos por las prácticas en Japón y del viaje hacia la India y su cultura. Fue apasionante conectar el trabajo en equipo con la innovación y la evolución constante, como proponen las prácticas de Estados Unidos y de los países Nórdicos. También fue iluminador recordar que una empresa de alto rendimiento no es solo una empresa que genera grandes cantidades de utilidades financieras, también es una empresa que se debe preocupar por el medioambiente y la inclusión.

Este libro se convertirá para mí en una referencia de las mejores prácticas de Management para los tiempos modernos. Más que leerlo, es un libro de consulta que visitaré con frecuencia para revisar prácticas y herramientas que puedo usar en mi vida diaria personal, familiar y profesional. Gracias Guillo por este gran regalo a la humanidad.

Juan (Neo) Bernal
Sr. Engagement Manager | Experto Digital |
Enterprise Agility Consultant McKinse & Co
CEO | CTO | CHRO | Speaker
Cofundador de Startups

Introducción AR

Disfrútalo a través de **AR** descargando la *APP Satori AR* y escaneando la siguiente imagen:

*Activa tu cámara

Introducción

El método SATORI sintetiza varias prácticas poderosas de la sabiduría oriental y las combina con los principios del éxito empresarial de Occidente. Este libro es producto de una exhaustiva investigación sobre diferentes culturas y de cómo sus prácticas y herramientas pueden ser utilizadas en variadas casuísticas del mundo organizacional contemporáneo. Proporciona herramientas que ayudarán a desarrollar el arte de crear compañías de alto desempeño a líderes de todos los niveles, construyendo en ellos y en las personas que lideren las capacidades para pasar al siguiente nivel.

El libro se desarrolló de forma tal, que el lector pueda asociar los elementos expuestos en contextos cotidianos y evidencie la evolución que propone el método. Está narrado a manera de una historia, en la que nuestro protagonista aprenderá, de la sabiduría de su abuelo, las prácticas y herramientas para el manejo de emociones y la toma de decisiones de diferentes culturas.

En India, el don del autoliderazgo y la sabiduría para controlar la mente de un monje budista. Las prácticas de los samuráis y las técnicas japonesas que impulsaron a Toyota como la compañía más valiosa en la fabricación de automóviles, a través de la disciplina, los valores y el trabajo en equipo. La innovación, el desarrollo sostenible y la inclusión que caracterizan a los estados Nórdicos, con la que han logrado ser los países más sostenibles del mundo y liderar muchos de los rankings más importantes. El carácter, la capacidad para dominar las emociones y la sabiduría de los estoicos. Finalmente, las herramientas para gestionar y desarrollar organizaciones desde la confianza, logrando una perfecta sincronización a través de la comunicación y coordinación del liderazgo digital de Silicon Valley y las empresas del mundo digital.

Este libro está dirigido a líderes de equipos y compañías que quieran desarrollar el talento de las personas en su organización. Formando habilidades que potencien los resultados organizacionales, aprovechando las características innatas de personas de varias generaciones, para que puedan enfrentar problemas complejos en un mundo en constante cambio y con mucha volatilidad.

Ahora, si no eres líder de un equipo o una compañía, no te preocupes, este libro también te brindará una perspectiva a través de la cual podrás potenciar tus habilidades y construir los hábitos que te ayudarán a pasar al siguiente nivel.

Si eres un curioso como yo, y quieres ver cómo potenciar tus habilidades y las de tu equipo, desarrollar el don del liderazgo y disfrutar de una entretenida historia, estás en el lugar adecuado. Nos vemos del otro lado.

Método Satori

QUIEBRE   1

> «La mayor fortaleza de una nación, una organización o un individuo, es su capacidad de aprender y desaprender, más rápido que los demás».
>
> -Joseph E. Stiglitz

Llegué a Tokio la mañana anterior, la cita con mi querido amigo sería la siguiente tarde y quería dejar de padecer el jet lag antes de verlo. El día siguiente fue 31 de marzo, se presentó frío, los cerezos estaban empezando a florecer, el viento gélido aventaba los tiernos brotes.

Cerca de la torre alcancé a ver a mi amigo, Andrés González. Él es un prestigioso conferencista, mentor y ejecutivo. Lo seguía hace tiempo a través de sus obras y redes. Entablamos amistad hace algunos años luego de que asistí a varias de sus mentorías. Después de nuestro último entrenamiento, antes de Navidad, él me convocó a que nos reuniésemos antes de que finalizara el invierno en la entrada a la torre de Tokio.

Esa tarde y noche conversamos durante varias horas. Compartió conmigo detalles que nunca había conocido, los secretos más íntimos de su éxito y de cómo ayudó a muchas personas y compañías a desarrollar profesionales de alto desempeño usando el Método Satori. Cumpliendo la promesa que le hice aquel día, hoy lo comparto contigo.

—Todo empezó en el año 2004. Recién terminaba mis estudios de Ingeniería en Sistemas —dijo Andrés—. Amaba el desarrollo de software, empezaba el auge del internet y se proyectaba como una carrera muy interesante. Poco a poco fui ganando experiencia como Desarrollador. Pronto me gané la confianza de mis superiores, cada vez me ponían mayores y más interesantes retos. Amaba mi trabajo y no ahorraba ningún esfuerzo para hacer las cosas muy bien.

»Poco tiempo después, la compañía en la que trabajaba, decidió ascenderme. Me nombraron líder de un grupo. Algunas de las personas en mi nuevo equipo eran antiguos compañeros. Personas que, a mi modo de ver, no eran lo suficientemente comprometidas con sus proyectos. Pero, no me importó, solo tenía en mente la oportunidad de liderar. Confiaba en mis capacidades y sabía que lo iba a hacer muy bien.

»El Mánager confió en nuestro equipo y nos asignaron un importante proyecto. Era la esperanza de la compañía para recuperar una gran cantidad de clientes que se iban con la competencia. Me encontraba muy contento, era algo que estaba esperando, me emocioné mucho con el desafío y me sentí muy seguro de poder lograr los retos. Pero las cosas no fueron fáciles y pronto empezaron los problemas.

»Teníamos un presupuesto muy apretado y un tiempo limitado para desarrollar nuestro proyecto. Yo esperaba que las personas de mi equipo entendieran la importancia del proyecto y deseaba que ellos trabajaran de la forma en que yo lo hacía. Sentía que no estaban comprometidos, ni con el proyecto, ni con la compañía, y me molestaba mucho con ellos.

»Decidí implementar un modelo de seguimiento con el que pudiera tener control sobre las actividades que cada uno de ellos hacía. Les enseñaba cómo debían hacer su trabajo (tal como yo lo hacía), mientras debía atender diferentes reuniones de la compañía. Mis días iniciaban muy temprano, revisando correos, organizando mis actividades, las actividades del equipo, y finalizaban muy tarde revisando que todo se realizara según el plan.

—*Caballeros, disculpen* —*una señorita con un pulcro uniforme color azul marino, blusa blanca y un prolijo moño, tocado con un pequeño sombrero tipo trilby, del mismo tono que el uniforme; nos indicaba que ya podíamos subir al ascensor para ir a la parte más alta de la torre.*

—Llevaba poco de casado —prosiguió Andrés—, y tenía una bebé recién nacida. Pero tenía claro que, si quería darle un buen futuro a mi hija, debía desarrollar una poderosa carrera profesional. Por eso no escatimaba ningún esfuerzo para hacer que el proyecto saliera adelante. No me importaban las horas o el esfuerzo que ello requería, me mantenía con la determinación de lograrlo a cualquier costo.

»Así pasaron un par de meses. Dos de los cinco miembros de mi equipo renunciaron, aduciendo que no soportaban la carga de trabajo. No cabía en mi cabeza cómo ellos abandonan el barco, y me molestaba mucho su falta de profesionalismo. En ese momento lo vi como algo bueno, «si no tienes el nivel de compromiso necesario para afrontar este reto, prefiero que te vayas», pensaba yo —continuó Andrés.

»Ese no fue el único problema, poco tiempo después, evidenciamos que la visión que se le había dado al proyecto era equivocada. Fueron meses de trabajo en la dirección errada. Esto terminó con la moral del equipo. Todos habíamos dedicado muchas horas a ese proyecto. No obstante, delante del equipo, siempre me mostraba como una persona optimista, y los alentaba a seguir trabajando, les recordaba la importancia del proyecto. En cada oportunidad les mostraba que éramos la esperanza de la compañía para recuperar los clientes, teníamos una gran carga sobre nosotros. Aunque, no puedo negar que por dentro me sentía confundido y con mucho temor por mi futuro y el de mi familia. Sabía que esta era mi oportunidad de ser líder y sentía que la estaba perdiendo.

»No dejé que esa situación se reflejara en mi comportamiento. Me mostraba fuerte delante del equipo y de mi familia. Decidí trabajar aún más fuerte para que el proyecto saliera adelante y recuperar lo perdido. Empecé a exigirle más al equipo y fui más riguroso en los seguimientos, no podíamos permitirnos otro error. Trabajaba todos los días desde muy temprano hasta muy tarde, incluso los fines de semana. Por mi mente lo único que pasaba era que no podía perder la oportunidad. *—me compartía estas anécdotas, mientras que, desde lo más alto de la torre, con el viento arremolinándose en nuestros cabellos y el horizonte oscureciendo, podíamos ver esa majestuosa ciudad.*

»Mi esposa, aunque molesta por mi falta de dedicación a la familia, comprendía lo importante del proyecto, fue muy comprensiva y me apoyó. Debo confesar que muchas veces llevaba a la casa el estrés del trabajo, me molestaba con mucha facilidad y cualquier ruido me irritaba. Vivía en estrés constante, toda mi energía estaba concentrada en sacar el proyecto adelante, pero me sentía muy solo en esa carrera.

»Los problemas no paraban de llegar, el presupuesto se reducía y la compañía decidió reemplazar a las dos personas que habían renunciado con chicos más jóvenes y con menos experiencia. Pensaba, «más carga para mí». A pesar de que trabajamos en la misma mesa, cada día se sentía una mayor cantidad de tensión en nuestro equipo. El tiempo límite para la entrega se acercaba y los resultados esperados no llegaban a los niveles esperados según el plan. Sentía ansiedad y esto bloqueaba mi capacidad creativa, me sentía dentro de un túnel oscuro con una linterna que apenas alumbraba un poco.

»En un abrir y cerrar de ojos llegó la fecha límite. No teníamos más tiempo y debíamos poner el proyecto en producción. Era ahora o nunca. Los resultados no llegaron a ser los que había planeado, aún nos faltaban muchas cosas por probar, veníamos trabajando varias semanas durante muchas horas al día, algunas veces incluso seguimos de largo. No podíamos fracasar. Confíe en el trabajo que habíamos hecho y decidí dar un paso adelante, pusimos nuestro producto al servicio de los clientes.

»Pronto, los indicadores de rendimiento mostraron que el producto no estaba arrojando los resultados que se esperaban. Aparecieron muchos errores que no habíamos detectado, los clientes manifestaban insatisfacción, el producto no era estable. En definitiva, las cosas no iban bien. Sabía que era mi responsabilidad, era yo quien tenía que solucionarlo.

»El equipo me pedía respuestas, mi Mánager, resultados, mi familia, tiempo de calidad, y yo, en lo único que podía pensar, era que estaba fracasando en mi nuevo rol de líder. Era yo quien debía tener las respuestas, pero no las tenía. Ya no sabía qué hacer, ni qué camino tomar. No sabía qué decirle a mi familia, ellos habían sacrificado nuestro tiempo juntos para que pueda dedicarlo al trabajo. Mi Mánager creía en nosotros, y el equipo esperaba que yo les dijera qué hacer y qué paso seguir. Estaba fracasando, no podía entender por qué no funcionaban las cosas si estaba haciendo todo bien, tal como se suponía que se debían hacer.

Andrés y yo entramos de nuevo al ascensor y empezamos a bajar. Detuvo la historia por unos minutos, estábamos disfrutando de la hermosa vista, empezaba a anochecer y las luces del main deck combinaban a la perfección con las del top deck del cual veníamos, destacando con un brillo naranja la estructura de la torre. Una vez que llegamos al lobby, Andrés prosiguió.

—Por primera vez empecé a desconfiar de mis habilidades como líder. Cuestionaba cada paso, sentía que no merecía esa oportunidad, que no merecía a mi familia. Mi cabeza estaba llena de pensamientos negativos que no me permitían ver una salida, esos pensamientos se apoderaban de mí y yo no tenía ningún control sobre ellos. Mi salud física también se había deteriorado, no comía bien y, obviamente, no me alcanzaba el tiempo para realizar ejercicio, durante los últimos meses lo único importante fue el proyecto, llevaba algunos días sin poder dormir. Hasta que un día, en medio de una reunión de seguimiento del producto donde estábamos revisando los indicadores, me empecé a sentir mareado y me desmayé.

»Desperté en el hospital. Junto a mí estaba mi esposa, su cara mostraba una notoria preocupación, estaba asustada por mí, y por mi salud, sabía que las cosas no marchaban bien. En ese momento le confesé lo que sentía y me recordó algo que había obviado por completo, sus palabras fueron, «¿por qué no hablas con tu abuelo?, siempre me has contado que sientes admiración por él y alardeas sobre lo exitoso que ha sido en los negocios». Fue en ese momento que, por primera vez en muchos días, vi una luz. Así que, sin dudarlo, tomé mi celular y lo llamé.

»Lo saludé. Su voz me transmitió paz de forma casi instantánea. Le dije que necesitaba su consejo y, de inmediato accedió a escucharme Quedamos en vernos en su casa el siguiente sábado. Iban a ser los tres días más largos en mucho tiempo. Ansiaba poderlo ver y escuchar, poder platicar con él como lo hacíamos años atrás. Aunque, debo confesar, tenía mis reservas sobre si él realmente me podría ayudar. El mundo corporativo en el que mi abuelo trabajó era muy diferente al que yo estaba enfrentando, o por lo menos eso pensaba.

Salimos con Andrés de la torre y tomamos un taxi hacia Shibuya. Nos dirigimos al hotel donde él se estaba hospedando. Allí prometió contarme todo lo que aprendió de su abuelo. Una vez que llegamos, nos dirigimos a un restaurante de estilo oriental clásico, pero con varios accesorios y decoración moderna, de tipo Occidental, que le daba un aire a la vez exótico y familiar. Terminamos de ordenar y Andrés empezó a contarme la conversación con su abuelo.

Autoliderazgo 2

Las enseñanzas de India. Prácticas del budismo.

«Despertar»

«Procura ser tan grande que todos quieran alcanzarte, y tan humilde que todos quieran estar contigo».

-Mahatma Gandhi

—Hola, abuelo. Como te mencioné antes, necesito ayuda.

—Claro, Andrés, ¿qué necesitas?

Andrés le contó a su abuelo todo lo que estaba sintiendo y se sinceró diciéndole que no sabía cómo proceder con su nuevo equipo de trabajo y los resultados del proyecto. Su abuelo sonrió y, tomando su mano, empezó a hablar.

—Lo primero que debes tener en mente es que la vida y los negocios son como un juego de póker —afirmó el anciano mientras Andrés lo veía un tanto confundido.

—¿Puedes explicarte mejor, abuelo? —replicó Andrés.

—En la vida, como en el póker, no puedes escoger las cartas que te tocan. En dónde naciste, quiénes son tus padres, o muchas otras situaciones que has enfrentado y enfrentarás. Pero lo que sí puedes hacer, es decidir cómo jugar tu partida con las cartas que te tocaron.

—Entiendo tu punto. Pero, ¿a dónde quieres llegar?

—Claro que sí, hijo. Todo el tiempo, tanto en la vida como en el trabajo, nos enfrentamos a situaciones que no dependen de nosotros. Inclusive puede que no dependan en absoluto de nosotros. Un ejemplo serían los cambios en las políticas o regulaciones del gobierno, que podrían acabar con una estrategia de negocios. Pero lo que siempre vas a poder hacer ante cualquier circunstancia, es elegir la manera como la afrontas. Tener la capacidad para enfrentar cada situación con ecuanimidad y tomar decisiones sensatas es la diferencia entre los jugadores de póker aficionados y los profesionales.

Andrés miraba sorprendido y reflexivo a su abuelo.

—Lo que te quiero decir es que te conviertas en un profesional en el juego de la vida. Un profesional de alto desempeño. Para ayudarte en este camino, te contaré lo que aprendí durante los meses que estuve en India compartiendo con los yoguis en su templo.

—¿En India?, ya siento curiosidad.

—Mira, cuando llegué a India, y en particular cuando estuve en Cachemira, tuve la oportunidad de quedarme en un templo donde conocí al yogui Swammi. Allí me enseñaron la importancia de tener mi vida en equilibrio. Hasta ese momento, yo solo pensaba en mis negocios y en cómo seguir logrando éxitos en el mundo corporativo. Me quejaba de los más jóvenes y demás empleados en la compañía, porque no tenían un nivel de compromiso como el mío y muchas veces prefería hacer el trabajo yo mismo. El yogui Swammi me mostró que no podemos liderar a otros y lograr que cambien sus comportamientos, si antes no somos capaces de liderarnos a nosotros mismos. Ellos aseguraban la importancia de mantener nuestra mente, cuerpo y espíritu en un perfecto equilibrio, para obtener autoridad moral y así, ejercer como verdaderos líderes.

—Suena como algo complicado de lograr —agregó Andrés.

—Al inicio parecía algo complejo, pero practicando con las poderosas herramientas de los yoguis, las cuales te voy a explicar, logré generar equilibrio y comprender a lo que se referían con la importancia de lograr una autoridad moral. Mientras las usaba, cada vez se hacía más y más fácil. Cuéntame: ¿qué tan complicado es para ti mantener la concentración en una sola cosa y callar tus pensamientos?

—Realmente, me es muy complicado. Tengo tantas cosas que atender, que para lograrlo es casi imposible.

—Cuando un pensamiento molesto llega a tu mente, ¿logras deshacerte de él con facilidad?

—No, abuelo, si te soy honesto, no. Cuando algo se mete en mi cabeza, me cuesta mucho sacarlo de allí. Pero, no entiendo a qué vas con estas preguntas, ¿qué tiene que ver eso con el problema y los resultados del proyecto?

—No te preocupes, lo que quiero decir es que, si quieres sacar los mayores beneficios de tu equipo de trabajo, primero debes lograr sacarlos de ti mismo. No puedes alimentar una familia, si no puedes alimentarte a ti mismo primero, como tampoco podrás liderar un equipo, si antes no lideras tu propia vida.

—Ok, entiendo, pero vamos al grano, ¿qué debo hacer?

—No te impacientes, hijo, esta ansiedad que sientes por una respuesta es síntoma de una mente mal entrenada —Andrés frunció el ceño—. Para lograr dominarla te voy a enseñar a usar dos herramientas poderosas. Como dice la famosa frase de Robín S. Sharma: «La mente puede ser un sirviente maravilloso o un amo terrible».

—¿Se puede entrenar la mente? ¡Qué interesante!

—Lo primero que debes comprender, hijo, es que nuestra mente funciona como si fuese un músculo, la debes entrenar si la quieres fortalecer. Es como querer participar en una maratón. Si nunca has corrido en tu vida, difícilmente llegarás a trotar un kilómetro, pero, a través de práctica y disciplina, con el tiempo, conseguirás correr los 42 kilómetros totales. En el peor de los casos, llegarás mucho más lejos de lo que eres capaz hoy. De esta misma manera debemos trabajar nuestra mente. A través de la práctica, cada día la vamos fortaleciendo, para así llegar más lejos y hacerla más fuerte.

»Lo que debemos hacer es encontrar las herramientas que nos ayuden a forjar los hábitos a través de los cuales lograremos mejorar y dominar cualquier disciplina. Por fortuna, el yogui Swammi me compartió algunas de estas, las cuales, son muy fáciles de practicar, pero el reto está en cumplirlas con disciplina. Te mostraré cómo convertir a tu mente en el mejor de tus aliados.

—¡Claro, soy todo oídos! —respondió Andrés, atento.

—La primera herramienta, *el corazón de la rosa*, es muy poderosa para dominar la concentración. Con la práctica continua de esta herramienta serás capaz de ordenarle a tu mente en qué focalizar su atención y cambiarlo cuando tú decidas. Con tiempo y constancia, te sorprenderás de lo que serás capaz de lograr.

»Para ponerla en práctica necesitas una rosa fresca, o en caso de que no tengas una cerca, podrías usar una fruta fresca que sea de tu agrado.

»Lo que vas a hacer, es utilizar tus cinco sentidos y concentrarte solo en la rosa o en la fruta. Su color, su fragancia. Intenta escucharla, sentirla y todo lo que debas hacer, manteniendo tu mente 100% focalizada en ella, en nada más. Al inicio, mantener la concentración sin que tu mente se disperse, es complicado, pero con la práctica constante, podrás llegar a hacerlo hasta por 20 minutos, sin tener ningún pensamiento que te interrumpa. El objetivo de esta herramienta es decirle a tu mente, que eres tú quien ordena en qué se debe concentrar y únicamente tú podrás cambiar de forma consciente su foco.

»¿Sabes cuantos pensamientos tiene en promedio el ser humano durante un día?

—¿Unos, mil? —respondió Andrés dubitativo.

—Estás bastante lejos. Por término medio, el ser humano tiene al día unos sesenta mil pensamientos. La particularidad es que solo podemos tener uno a la vez de manera simultánea.

—Increíble, abuelo.

—La segunda herramienta te enseñará cómo deshacerte de los pensamientos molestos, o algunos que preferirías no tener en tu mente, como preocupaciones, envidias o cualquier otra idea que te robe la tranquilidad. Así controlarás tus pensamientos, serás tú quien decida qué ideas se alojarán en tu mente y cuáles no. Esta herramienta se llama, *pensamiento opuesto*. Te enseñaré.

—¡Perfecto!

—Si te digo que no pienses en un elefante, ¿en qué piensas?

—Mmm, en un elefante.

—Así es. Y, si te digo que dejes de pensar en él. ¿Qué tan fácil es para ti lograrlo?

—Creo que, entre más lo intento, más visualizo un elefante.

—De eso va nuestra segunda herramienta. Nuestra mente, como te decía, solo puede tener un pensamiento a la vez. Ahora, imagina que tu mente es como un poderoso proyector multimedia, ¿qué harías si la diapositiva que estás visualizando, no es la que quieres ver?

—Muy fácil, la cambio.

—Perfecto, hijo, eso es.

—Espera. Nuevamente, no entendí —dijo Andrés poniendo cara de desconcierto.

—No te preocupes, vamos paso a paso. Primero, imagina que, mientras estás en el trabajo, el foco de tu mente está siendo ocupado por un pensamiento incómodo. Uno que te genera alguna emoción como miedo, vergüenza, envidia, o ansiedad, debido a que los indicadores de tu equipo no van bien y debes presentarlos a tu Mánager. Esto simplemente no te deja concentrar o encontrar las alternativas para solucionarlo. Tu mente se queda dando vueltas sobre cómo se desarrollará la reunión y qué te dirán, entonces, dejas de ocuparte en crear una estrategia para mejorarla. Si quisieras sacarlo de tu mente pasaría lo que sucedió con el elefante, entre más lo intentas, más se aferrará a tu pensamiento.

—Entiendo el punto, abuelo. Pero, esto me parece muy normal.

—Ese es el problema, hijo, recuerda la analogía del póker. Puedes concentrarte en ese pensamiento y tal vez en tu mente empieces a encontrar muchas explicaciones que muestran por qué los indicadores no están bien. Todas esas explicaciones seguramente son ciertas, pero ninguna es una solución y podrían entenderse como excusas. Recuerda esta frase, «el fracaso tiene mil excusas, pero el éxito no las necesita». Lo que debes hacer es soltar ese pensamiento ansioso y debes concentrarte en cómo vas a jugar tus cartas, cómo vas a hacer para mejorar esa situación y sacar ventaja, incluso de un mal juego. Generalmente, en ese momento estás tan aferrado a ese pensamiento que tu mente no logra encontrar la respuesta a cómo jugar tus cartas. Te sentirás como en un callejón sin salida.

—Ahora que lo pienso, eso es justo lo que me pasa. Pero, ¿cómo lo podría solucionar?

—Te voy a enseñar. Vamos a hacer algo diferente. Cierra tus ojos y reflexiona sobre algo de tu vida que te traiga mucha felicidad, puede ser un recuerdo, un sueño o una persona... ¿Listo?

—Ok.

—Lleva todo el poder de tu imaginación a ese momento, concéntrate en él, como si realmente lo estuvieras viviendo y, ahora, déjate llevar. ¿Cómo te sentiste?

—Sentí mucha paz y tranquilidad, recordé un momento muy especial de mi vida, abuelo.

—Qué bueno, hijo. Lo que debes hacer, es acudir a este pensamiento siempre que quieras quitar del foco de tu mente alguna idea molesta, como si cambiaras la diapositiva de la presentación, este será tu *pensamiento opuesto*. Y si lo trabajas diariamente junto con la herramienta anterior, *el corazón de la rosa*, al cabo de pocas semanas empezarás a sentir cómo tu mente trabaja a tu favor en lugar de sabotearte. Lograrás mantener tu concentración en lo que tú decidas y también proyectar tus pensamientos para conseguir que juegues tus cartas como un profesional, en vez de andarte quejando por el juego que te salió. Cuando consigas ese estado de paz, busca qué puedes hacer en esa situación particular y cómo vas a jugar las cartas que te tocaron. Te aseguro que encontrarás muchas respuestas.

—Me queda claro, abuelo.

—Hay otras herramientas que compartieron los yoguis conmigo durante mis meses en Cachemira, pero, con que domines estas dos, ya empezarás a cosechar los frutos de una mente fuerte y concentrada. Pero, además necesitas nutrirla, y para ello, te voy a enseñar un par de rituales que, aunque seguramente se te harán familiares, ya que son de sentido común, lo ideal es volverlos un hábito y que los implementes de forma más consciente.

»El primero, es *el ritual del saber abundante*. La práctica de este ritual consiste en buscar cosas que deseas aprender para nutrir tu mente. Por ejemplo, leer buenos libros, escuchar un podcast, ver videos o charlas tipo Ted, o cualquier otra de las maneras con las que los jóvenes hoy pueden aprender. Busca los temas que más te apasionen. Es un ritual muy simple, debes dedicar al menos 30 minutos al día y agregarlo a tu rutina. Recuerda siempre visualizar la persona que quieres llegar a ser, y después, empieza a comportarte de esa manera.

»El segundo ritual es también muy poderoso. Se trata del *ritual de la simplicidad*. Como su nombre lo indica, se trata de hacer las cosas más fáciles. Lo que debes hacer es concentrarte primero en lo más relevante. Usa de referencia el principio de Pareto.

—Y, ¿de qué se trata eso?

—Debes priorizar. Lo que nos dice el principio de Pareto es que el 80 % de los resultados se dan a través del 20% de las acciones que ejecutamos. Debes encontrar esas acciones clave que te darán el 80% de los resultados. Pero, recuerda, perfecto, es enemigo de hecho. Reduce tus estándares y olvídate de la necesidad de siempre estar disponible para todo el mundo. Hazlo fácil.

—Muchas gracias abuelo, estoy seguro de que estas herramientas y rituales que me has explicado me ayudarán. Tengo muchas ganas de ponerlos en práctica y conocer más. Ahora me queda mucho más claro cómo fortalecer y dominar mi mente. En realidad, lo que me explicas, a pesar de no haberlo usado antes, me parece que tiene mucha lógica.

—Así es, hijo. La mayor parte de las cosas importantes de la vida, son de simple sentido común, pero no por ello de práctica común. Es la razón por la que debemos apoyarnos en herramientas simples que nos faciliten las cosas.

—Entiendo —concluyó Andrés—. Me hablaste de equilibrio, pero hasta ahora solo hemos hablado de la mente. ¿Con qué la debemos equilibrar, abuelo?

—Es cierto, aún nos faltan otros elemento que debemos trabajar, uno es el cuerpo.

»Con las herramientas y rituales que te mostré, lograrás una mente fuerte y la mantendrás nutrida, pero esto no es suficiente, también debes tener una buena salud. Debes cuidar tu cuerpo de forma proactiva, si no lo haces, llegará el momento donde él te lo exigirá, y aunque tengas una mente fuerte, lo cual te servirá, no será suficiente. La segunda parte del equilibrio, es tu cuerpo. Hay dos rituales más que te ayudarán a mantener una buena salud.

—¿Cuáles son?, cuéntame por favor.

—El primero es *el ritual de la fisicalidad*. Es muy simple, se divide en dos partes. La primera es realizar al menos cinco horas de actividad física a la semana. Lo ideal es que las repartas en no menos de tres sesiones. Puedes iniciar con algo tan simple como caminar, y en la medida en que lo conviertas en hábito, puedes incrementar la intensidad y cambiar el tipo de ejercicio. Lo ideal es que puedas ir mejorando poco a poco. La segunda parte de este ritual es muy importante. Debes trabajar en respirar mejor durante el tiempo de actividad física. Cada vez que lo recuerdes, respira de forma consciente, trata de hacer inhalaciones y exhalaciones más lentas y más profundas. Recuerda que, respirar bien, es vivir bien.

—Me queda claro, abuelo. Y, ¿cuál es el otro ritual?

—El segundo ritual es *el de la nutrición*. De la manera como nutres tu cuerpo, nutres tu mente. Agrega a tu dieta más frutas y vegetales, no es necesario que te vuelvas vegetariano, pero sí debes evitar al máximo comer carne roja, especialmente. Su proceso digestivo te quita mucha energía y será muy normal que te sientas cansado después de comerla. También, evita el exceso de azúcar o sal y los alimentos procesados. Entre más natural comas, será mucho mejor para tu salud, tu cuerpo te sabrá recompensar.

—Muchas gracias, abuelo, —comentó Andrés, mientras sonreía—. Ya conocía la importancia del ejercicio y comer bien, pero creo que aún no era consciente de que no cuidar mi cuerpo me podría llevar a arrepentimientos futuros. Desde mañana me inscribiré al gimnasio, estoy seguro de que lograré hacer mucho más que las 5 horas que me sugeriste.

—Espera, espera, ve con calma. Es mucho mejor iniciar de a poco, e ir mejorando. Si hoy no puedes correr un kilómetro, no podrás aspirar a correr diez sin el entrenamiento adecuado. Debes comenzar de a poco, ir creando los hábitos y subir la intensidad en la medida en que sientas que estás avanzando.

—Ok, abuelo, voy a hacerte caso —dijo Andrés con tono de resignación—. Pero, me dijiste que faltaban otros elementos, ya sé que debo fortalecer y nutrir mi mente y mi cuerpo, pero, ¿cuál es el otro elemento? —preguntó Andrés con mucha curiosidad.

—El tercer elemento es tu espíritu, hijo. Para poder equilibrar tu vida y ponerla en el camino de lograr todo aquello que te propones, también debes fortalecer tu espíritu.

—Y, ¿cómo lo hago? Tú sabes que yo no practico ninguna religión. Respeto mucho a quien lo hace, pero yo no soy así.

—No te preocupes, hijo, para nutrir y fortalecer tu espíritu, no es necesario acudir a ninguna religión. Realmente, es mucho más simple de lo que parece. Para fortalecer el espíritu, el yogui Swammi me compartió una serie de herramientas y rituales, la mayoría de ellos muy sencillos.

»El primero es el de *la reflexión personal*. Es algo muy simple, se trata de que cada día, antes de dormir, medites sobre las cosas que hiciste y evalúes, de qué te sientes orgulloso y qué consideras que podrías haber hecho mejor.

»El segundo, uno muy simple, pero muy poderoso, *la gratitud*. Este ritual se trata simplemente de dar gracias, por difícil que haya sido tu día o por complicadas que sientas que están las cosas, siempre habrá cosas por las cuales agradecer. Por favor nunca olvides esto.

—En efecto, eso ni lo había considerado.

—El tercer ritual es el de *la musicalidad*. Dedica unos minutos al día para escuchar una canción que te guste, o para reproducir tu *playlist* favorita. Disfruta de la música, siéntela como si fuera la última vez que la vas a escuchar.

—Lo haré seguro. Aunque no escucho mucha música, si hay canciones que me encantan.

—El último de los rituales es *el de la palabra hablada*. Utiliza los mantras, son frases poderosas que debes repetir 108 veces al día, durante 21 días. «Los debes repetir en voz alta», me decían los yoguis, «ya que la vibración de las cuerdas vocales tiene un significado especial y así es más fácil anclarlos en nuestro inconsciente. Con los mantras, aparte de nutrir tu alma, también fortalecerán tu mente, inyectando una dosis de control y orientación hacia lo que quieres lograr.

—¿Cómo elijo un mantra, abuelo?

—Lo primero que debes saber es que, según las creencias de los monjes, los mantras son imanes para atraer a tu vida aquellas cosas que anhelas conseguir mediante ellos. Para escoger el tuyo, debes buscar lo que anhelas. Un ejemplo de un mantra muy popular es: «Esto también pasará» o «yo soy el dueño de mi destino y el único que me puede vencer».

—Gracias, abuelo. Es increíble todo lo que me cuentas. Seguro me será de utilidad.

—Además, hay otras herramientas muy especiales. La primera de ellas nos recuerda uno de los deberes principales de un líder, y en general de un ser humano, se trata del servicio. Como dice el antiguo adagio, «las manos que dan una rosa, siempre conservan algo de la fragancia». Servir es una de las cosas que más nutre el espíritu. Pueden ser cosas tan simples como dar palabras de elogio sinceras a quien lo merezca, dar muestras diarias de cariño a tu familia y amigos. Escuchar es otra forma útil de servir. Dale toda tu atención a las personas. Puedes hacer más cosas, pero recuerda el poder de la simplicidad. A veces, damos por pequeñas algunas acciones, pero sumadas todas ellas, generan un gran impacto.

»La segunda herramienta es un poco más compleja, pero si la realizas tendrás valiosas recompensas. Se trata del *voto de silencio*. El silencio es una de los ejercicios más eficaces que aprendí durante mis meses en Cachemira con el yogui Swammi. Al principio no comprendí su poder, pero al hacerlo me reveló cosas de mí, que jamás habría imaginado.

—¿Qué te reveló, abuelo? Por favor, cuéntame.

—La verdad es que es un trabajo de descubrimiento personal, en esta ocasión deberás practicarlo para descubrirlo por ti mismo.

—Y, ¿cómo lo hago?

—Es muy sencillo. Escoge un día cada mes en el que no vas a pronunciar ninguna palabra. Debes preparar a tus amigos, familia y todo aquel con el que debas interactuar para que sepan que ese día no podrán hablar contigo, o mejor, podrán hacerlo, pero tú no les vas a poder responder con palabras habladas.

—Creo que quien más va a disfrutar de esta herramienta será tu bisnieta —exclamó con una suave sonrisa, Andrés.

—Ja, ja, ja, no me cabe la menor duda, hijo. Las herramientas y rituales que te enseñé, son muy simples y fáciles de usar. Con ellas estoy seguro de que lograrás un equilibrio entre tu mente, tu cuerpo y tu espíritu. Cuando yo las aprendí, noté que eran muy fáciles de practicar, pero, a pesar de estar hospedado en el templo, me costó mucho trabajo volverlas un hábito.

—¿Por qué abuelo?, realmente se ve fácil.

—La respuesta está en que estas herramientas me llevaron a cambiar mis hábitos, mi comportamiento y la forma en la que yo interactuaba con el mundo. En otras palabras, me sacaron de mi zona de confort. Estas herramientas implican un cambio y como todo cambio se debe gestionar.

—Y, ¿cómo lo lograste?

—Para lograrlo requería desarrollar dos habilidades. El coraje y la disciplina.

—¿Coraje?

—Te explico, hijo. Para lograr crear y luego mantener nuevos hábitos, el yogui Swammi me explicaba que debemos hacerlo de a poco, y cada día mejorar. Debes competir contra tu versión de ayer y hacer un poco más cada día, eso requiere coraje. Por ejemplo, para ti, ¿qué tan difícil consideras que es aprender mandarín?

—Muy difícil abuelo, lo intenté un par de meses y, la verdad, me rendí.

—Ahora, qué pasa si te digo que cada día te aprendas dos o tres palabras nuevas. ¿Qué tan difícil te parece?

—Viéndolo así, realmente parece fácil. Yo aprendía muchas durante la semana, pero esa carga me terminó cansando.

—Es exactamente igual con las herramientas que te he enseñado hasta ahora. Para poderlas instaurar como un nuevo hábito, debes empezar de a poco, se trata del arte del 1%. O lo puedes ver como un interés compuesto. —Andrés frunció el ceño, admirado—. No es nada diferente a que cada día mejores un poco y eso se sumará a tu progreso total. Debes ver tu fuerza de voluntad, que es la fuerza que alimenta la disciplina, como un alambre de acero que se compone de miles de pequeños alambres trenzados, los cuales se fortalecerán en la medida en que avances en el tiempo. Da pequeños tributos de voluntad y verás cómo en muy poco tiempo podrás hacer y mantener cada cosa que te propongas.

—¿Cómo podría hacerlo?

—Es muy simple, hijo, empieza practicando las herramientas y los rituales de a poco, y en la medida en que vayas avanzando, aumenta gradualmente el nivel de dificultad. Puedes hacerlo incrementando el tiempo de práctica o la intensidad de la misma. Solo recuerda que debes ser paciente y constante.

—Abuelo, muchas gracias, estoy seguro de que todo me será de gran ayuda. Pero recuerda, mi mayor problema es que no sé cómo hacer para que mi equipo se comprometa y realmente logremos sacar los resultados del área adelante.

—Lo sé, hijo, lo sé, pero debes ser paciente. Lo primero que debes hacer como líder es dar el ejemplo. No puedes, moralmente hablando, pedir cambios en las personas de tu equipo, si antes no eres capaz de realizarlos en ti mismo y, sobre todo, mostrando que lo puedes hacer teniendo una vida en equilibrio. Trabaja en asimilar estas herramientas y luego te contaré lo que aprendí en mi viaje por Japón. Donde, trabajando con ejecutivos de Toyota, entendí los principios del bushido, *el camino del guerrero*, el arte samurái. Ellos me compartieron poderosas prácticas de trabajo en equipo, las cuales los han caracterizado y llevado al éxito. Seguro ya estarás listo para comprenderlas.

—Claro que sí, abuelo. Me comprometo a poner en práctica lo que hoy me has compartido. En serio, te respeto y admiro mucho, no sé por qué no te había buscado antes —dijo Andrés, más aliviado.

—No te preocupes, hijo, como dice el viejo refrán, «cuando el alumno está listo, aparecerá el maestro».

Herramientas y prácticas de India

- Fortalecer y nutrir la mente

    o **El corazón de la Rosa:** Usa tus 5 sentidos para concentrarte solo en una rosa o en una fruta.

    o **Pensamiento Opuesto:** Busca un pensamiento ancla y úsalo para cambiar la diapositiva que está proyectando tu mente.

    o **El ritual del saber abundante:** Usa 30 minutos cada día para aprender sobre diferentes cosas o temas que te apasionen.

    o **El ritual de la simplicidad:** Busca hacerlo más simple, recuerda que el 80% de los resultados se consiguen con el 20% del esfuerzo. Concéntrate en lo más importante y hazlo simple.

- Fortalecer y nutrir el cuerpo

    o **El ritual de la fisicalidad:** Se divide en dos partes, la primera es hacer actividad física de no menos de 5 horas a la semana, distribuidas en tres o más sesiones. La segunda parte se trata de respirar bien, debes ser consciente de tu respiración y hacerla lo más lenta y profunda que puedas.

○ **El ritual de la nutrición:** Debes comer más alimentos como frutas y vegetales, intenta no consumir carnes rojas y evita alimentos procesados, así como el exceso de sal o azúcar.

- Fortalecer y nutrir el espíritu

    ○ **El ritual de la reflexión personal:** Debes dedicar unos minutos al final del día para analizar qué hiciste, de qué te sientes orgulloso o cómo podrías haberlo hecho mejor.

    ○ **El ritual de la Gratitud:** Es muy simple, solo recuerda dar las gracias, tienes muchas razones por las cuales agradecer cada día.

    ○ **El ritual de la palabra hablada:** Busca Mantras que se alineen con lo que tú eres o quieres llegar a ser y simplemente, repítelos.

    ○ **El arte de servir:** Recuerda que la principal responsabilidad que tenemos como líderes y como seres humanos, es servir.

    ○ **El voto de silencio:** Toma un día cada mes en el que no vas a usar las palabras habladas para comunicarte. Prepara a tu familia y amigos para que sepan qué es lo que estás haciendo y evitar disgustos.

Disfrútalo a través de **AR** descargando la *APP Satori AR* y escaneando la siguiente imagen:

*Activa tu cámara

Trabajo en equipo   3

Las enseñanzas de Japón. Prácticas del bushido.

«El camino del guerrero»

«El progreso no puede ser generado cuando estamos satisfechos con la situación existente»

-Taiichi Ohno

—Hola, abuelo. Me da gusto verte de nuevo.

—Hola, hijo, ¿cómo estás? ¿Cómo te ha ido con el entrenamiento que te enseñé?

—Debo confesarte que mucho mejor de lo que pensé. Aún estoy trabajando en volverlas un hábito, pero poco a poco me es más fácil ver los asuntos del proyecto con mayor claridad. También estoy compartiendo más tiempo en casa. Incluso siento mucha más energía que antes. Pero aún no consigo solucionar el problema mayor, mi equipo no es tan bueno como me gustaría y ahora tenemos mucho trabajo. Al estar distraído con las cosas que me enseñaste, siento que no le dediqué todo el tiempo necesario al proyecto. No me malinterpretes, lo que aprendí de las prácticas de India me ha servido mucho, pero hay tantas cosas que hacer con el proyecto que no sé cómo lograr los resultados que la compañía y yo necesitamos.

—Te entiendo perfectamente, me encantaría darte una respuesta mágica que solucione todos los temas de una sola vez, pero la realidad es que toma tiempo. Hoy quiero enseñarte algo que te ayude a catalizar los resultados. Seguro te pondrás en la ruta indicada para conseguir que tus colaboradores formen un verdadero equipo de trabajo.

—Abuelo, la última vez me habías comentado de tu viaje a Japón y lo que aprendiste de los ejecutivos de Toyota. También mencionaste una palabra extraña, que, para serte honesto, ya no la recuerdo.

—Así es, hijo, los ejecutivos de Toyota me enseñaron las prácticas que ellos usaban dentro de su cultura organizacional para lograr ser exitosos y sacar el máximo potencial de cada uno de los colaboradores de la fábrica. El secreto del éxito japonés se esconde detrás de sus ancestros, los samuráis. Ellos practicaban una ideología conocida como el BUSHIDO o «Camino del guerrero», una serie de principios innegociables que dictaban su comportamiento, y que, hasta el presente, luego de varios siglos, continúa en el ADN de muchos japoneses.

—Suena muy interesante, pero ¿cuáles son esos principios?

—Te los explicaré brevemente. Así nos concentramos en las prácticas y herramientas que vas a usar para conformar un verdadero equipo de trabajo.

»Los principios de *BUSHIDO* son siete.

Gi (justicia).- para los samuráis solo existe lo correcto y lo incorrecto. Honraban el trato con todo el mundo.

Reí (respeto, cortesía).- las relaciones únicamente pueden funcionar y desarrollar confianza si antes existe el respeto.

Yu (coraje).- ocultarte como una tortuga en tu caparazón, no es vivir. El samurái ve cada situación como un desafío, no como una bendición o una maldición, y nunca huye de sus batallas.

Meiyo (honor).- para un samurái el único juez es su propio honor. Para ellos no hay ninguna diferencia entre el decir y el hacer, es absolutamente lo mismo. Si un samurái dice que va a hacer algo, lo puedes dar por hecho.

Jin (empatía, compasión).- los samuráis siempre buscan cómo ayudar a los demás poniéndose en sus zapatos. Saben que las metas se consiguen en equipo y siempre están al servicio del mismo.

Makoto (honestidad).- tan importante como el respeto para crear y desarrollar la confianza, es la honestidad para mantenerla. Los samuráis hacían lo que tenían que hacer, sin importar que nadie los estuviera viendo, y entablaban las conversaciones necesarias para preservar este principio.

Chuugi (lealtad).- el samurái es un Ser leal hacia quienes tiene a cargo, a sus compañeros, a él mismo y en general a la sociedad. Vivían la lealtad desde la coherencia, y la unían a los demás principios.

—Wau, abuelo, esos principios son increíbles. Ahora entiendo por qué los japoneses han logrado desarrollar tanto éxito. En el mundo en el que he trabajado, estos principios no son tan frecuentes, es más, siento que algunos directivos los podrían interpretar como algo malo.

—Es algo muy triste, pero cierto. Gracias al tiempo que pasé en Japón, comprendí que estos principios los debemos seguir por convicción y no por conveniencia. Aunque te aseguro que después de aplicarlos, serás una persona muy valorada por tu compañía. Está demostrado que estos comportamientos conducen al éxito en los negocios. Cuando llegues a la cima, a través de estos principios y mires a tu alrededor, estarás junto a personas que te admiren y acompañen en cualquier circunstancia. Esta es mi definición de éxito.

»Pero hay algo más que te puede resultar útil. En Toyota crearon una serie de prácticas empresariales a través de las cuales podemos, de forma práctica, vivir estos valores. En Occidente se conocen como *método Lean*, pero en Toyota lo llaman TPS (*Toyota Product System*). Hoy te enseñaré algunas prácticas que resultan muy potentes a la hora de poner estos valores en acción y sacar el mayor beneficio de tu equipo de trabajo. Lo primero que debes aprender es cómo formar realmente un equipo. ¿Conoces la diferencia entre un grupo y un equipo?

—Creo que sí. Un grupo son personas que trabajan juntas, mientras que un equipo debe compartir un objetivo.

—Así es, pero no solo comparten un objetivo, comparten identidad y propósito. El objetivo puede cambiar con el tiempo, mientras que la identidad y el propósito son más estables, únicamente sufren pequeñas variaciones en la medida en que van aprendiendo y se van conociendo como equipo.

»El primer paso que debes dar como líder de un equipo es crear esa identidad, definir el propósito del equipo, los valores guía, los acuerdos de trabajo y el próximo objetivo a alcanzar.

—Y como empiezo, ¿qué debo hacer?

—La primera herramienta se llama *identidad de equipo*. Tiene unos elementos básicos: el propósito, los valores, los acuerdos y las metas. También otros un poco más elaborados como un nombre, un lema, y hasta avatares. Por ahora nos concentraremos en los básicos.

»El más importante es el propósito. Este debe responder a la razón de ser de ustedes como equipo. ¿Por qué existen?, ¿para qué nacieron? Debes buscar junto con tu equipo una frase que los identifique, que les dé significado y que los haga sentir a todos que su trabajo es relevante. Si tu empresa ya tiene un propósito, puedes conectarlo con él. Lo crucial acá es que, cuando cualquier persona del equipo o externa a él, lea la frase, entienda la importancia del trabajo que ustedes están realizando.

—¿Hay algún truco para hacerlo de manera eficaz?

—En Toyota lo que hacían es una lluvia de ideas, donde todos los miembros del equipo ponían palabras o frases que respondieran a la pregunta: ¿por qué somos valiosos para la organización? Y el líder ayudaba a unir las ideas y crear la frase.

—¡Es muy simple! ¿Funciona de igual manera para los valores?

—Para seleccionar los valores puedes escogerlos de una lista genérica, que se encuentra fácilmente en Internet. Unos veinte estaría bien. Los pones en papeles individuales sobre la mesa, luego cada persona del equipo debe escoger dos con los que se sientan identificados y ellos deben explicar por qué ese valor sería relevante para el equipo. Después de que cada miembro del equipo explique sus dos valores, juntos, deben seleccionar los cuatro o cinco valores que más los representan.

—Y, ¿de qué se tratan los acuerdos, abuelo?

—Los acuerdos son algo más sencillo, son ideas de cómo podemos trabajar mejor. Se pueden leer como las reglas del equipo. Normalmente, es algo que el líder impone, pero en Toyota lo discutían entre todos los miembros. Es más fácil y poderoso cuando son los integrantes del equipo los que proponen las reglas, en vez de seguir algunas que les han sido impuestas.

»A través de la identidad de equipo verás en acción los principios de justicia, respeto, honor y empatía. Y también lograrás aprovechar la diversidad de puntos de vista que surgen de los diferentes niveles de experiencia. Este es un primer paso para mejorar el trabajo con personas de diferentes generaciones.

—Abuelo, ya veo cómo todo se va uniendo. Lo que me cuentas parece muy sencillo. No entiendo por qué no lo había pensado. Siento que me he impuesto una carga muy grande que podía haber compartido con el equipo. Si todos se sienten parte, estoy seguro de que aumentará el compromiso.

—Así es, hijo. Todas las prácticas de Toyota son muy fáciles de entender y aplicar, esa es la magia. Esto que te he contado es solo la punta del *iceberg*.

—Abuelo, ¿qué hay de los objetivos? ¿Debemos discutirlos también como equipo?

—Así es, en Toyota los objetivos se plantean en dos vías, los de proyecto, que llamaremos operacionales, y los de equipo. Ambos siempre alineados con el propósito, recuerda que deben ser coherentes. Los objetivos se plantean trimestralmente y seleccionan resultados clave que deben conseguirse cada dos a cuatro semanas, según el nivel de incertidumbre. En tu caso, ya que me manifiestas que tu proyecto aún tiene mucha incertidumbre, yo te propondría que lo hagas cada dos semanas.

—Pero aún me queda una duda. Me hablaste de objetivos operacionales y de equipo. Los primeros los entiendo bien y me agrada la idea de hacerlos con resultados clave, eso me facilitaría la vida y me permitiría tomar decisiones con mejor oportunidad. Pero qué hay con los de equipo, ¿eso cómo funciona?

—Lo primero es que dejes de hablar en singular. Tú eres parte de un equipo y serán mejores y más poderosos si toman las decisiones juntos. Al final tú serás quien los guíe, pero muchas de las decisiones las deben tomar juntos. Si quieres aumentar el nivel de compromiso deben participar de la toma de decisiones. En algunos casos los escucharás, en otros pedirás su opinión y algunas ocasiones, serán ellos quien decidan. Recuerda que ellos manejan información local que aumenta la probabilidad de acertar en las decisiones. En última instancia, igual serás tú quien tenga la última palabra.

—Después de escucharte siento que he venido haciendo muchas cosas mal.

—No te preocupes, buscando ayuda has dado un primer paso. El segundo es cambiar tus comportamientos. Esto ya es más de lo que muchos hacen. Debes soltar tu ego, eliminar la arrogancia de tu vida y dejarte ayudar. No solo de mí, sino de tu equipo, colegas y tu Mánager, eso te hará mucho mejor líder.

»En cuanto a los objetivos de equipo, responden a lo que ustedes quieren lograr como equipo. Deben pensar en las oportunidades de mejora que tengan, a nivel personal y colectivo y trabajar en evolucionar juntos. Te mostraré cómo hacerlo.

—Abuelo, lo que me cuentas parece obvio, pero suena muy coherente. Al compartirlo con el equipo, todos se sienten parte, estoy seguro de que esto aumentará el compromiso.

—Ya tomaste ritmo hijo, vas viendo cómo funcionan estas simples, pero poderosas herramientas. Es muy fácil. Para trabajar los objetivos de equipo, lo primero que debes hacer es buscar un espacio de tiempo en el que van a trabajar juntos. Deben desarrollar las habilidades que necesitan para realmente ser un equipo. Yo te propongo que dispongas de un espacio de una hora y media cada dos semanas, en el que trabajarán en los elementos que los van a potenciar. En la primera sesión iniciarán generando la identidad de equipo. Esta la puedes revisar o ajustar cada seis meses.

»En cada reunión, lo primero que debes hacer es explicarles el motivo de la sesión, y compartir con ellos los momentos en que van a trabajar temas exclusivos para mejorar como equipo.

—Abuelo, veo muy complicado lograr lo que me pides. Tenemos tanto trabajo que detenernos, aunque sea una hora y media cada dos semanas, implicará atrasarnos en las actividades del proyecto que debemos cumplir.

—Imaginaba que me ibas a decir eso. ¿Has leído *Los siete hábitos de la gente altamente efectiva*?

—No —contestó Andrés.

—Eso pensé, pues el séptimo se trata de afilar el hacha. Lo que quiere decir es que, si no te detienes a afilar tu hacha, cada vez cortará menos, irá perdiendo filo. A veces estamos tan ocupados, "cortando árboles", que descuidamos la importancia de parar y reflexionar para mejorar. En últimas, lo que te quiero decir, es que esa hora y media te dará mucho más en los resultados que lo que crees que pierdes en tiempo, confía en mí.

—Ok, abuelo, entiendo la analogía. Creo que estoy tan ocupado en hacer el trabajo que a veces olvido ver cómo lo podemos hacer mejor.

—Perfecto, hijo, lo comprendiste bien. Para trabajar la mejora continua, hablaremos de Kaizen, *Kai* significa cambio y *Zen* significa bueno. Kaizen es el cambio bueno o el cambio para mejorar, los Japoneses lo describen como la ley del 1% «si todos los días mejoras de a poco una habilidad, en menos de lo que imaginas, serás mucho más hábil». Kaizen tiene cinco simples pasos. Lo primero que debes hacer es reconocer en dónde tienen oportunidades de mejora. Deben ver la importancia de mejorar en algo en particular. Segundo, se deben generar acciones que permitan mejorar un poco cada día, es hacerlo un poco mejor cada vez. Tercero, es recordar que la mejora continua no tiene fin, siempre lo puedes hacer un poco mejor. Cuarto, no esperes la solución perfecta, recuerda el principio de simplicidad. Y, por último, deben ser autoexigentes y ver todo aquello que pueden hacer mejor, incorpora el *feedback* en el ADN de tu equipo. No solo de tu parte hacia ellos, también entre ellos y de ellos hacia ti.

—Abuelo, a mi modo de ver, sentía que yo era responsable de su mejora, pero estoy tan ocupado, que al final, nunca mejoramos.

—Buena reflexión, hijo, aprendes muy rápido. Vamos repasando, ya tienes la identidad de tu equipo, objetivos operacionales y de equipo, y ahora la mejora continua. Solamente faltan dos elementos, la planeación de las actividades para hacer realidad los resultados clave y, por ende, sus objetivos y, una herramienta muy simple que les ayudará a permanecer sincronizados.

»Para la planeación, vas a usar una herramienta llamada *Toyota Kata*. Lo primero es tener claro el objetivo que quieren alcanzar. Míralo como la meta a donde deben llegar. Luego plantea, dónde están hoy respecto a esa meta. Un ejemplo sería, si tu meta es nadar cien metros, ¿cuánto eres capaz de nadar hoy? Una vez que establezcas tu condición actual, de la forma más objetiva y cuantificable posible, vas a definir tus resultados clave. Míralos como los logros que debes tener para lograr esa meta. Siguiendo con nuestro ejemplo, si hoy eres capaz de nadar veinte metros, un siguiente resultado clave podría ser nadar cincuenta metros. Una vez estableces el resultado clave, vas a pensar en cada obstáculo que te impide lograr tu resultado clave. Los debes priorizar, de modo que siempre estés trabajando para superar el obstáculo más importante. Una vez identificados, lo que harán será crear las acciones con las que van a solventar cada obstáculo. Este proceso lo debes hacer para cada objetivo y repetirlo cada dos semanas una vez que conquisten cada resultado clave.

—Excelente, abuelo. La herramienta que me muestras me hace ver cómo puedo llevar una pequeña planeación estratégica en el ámbito de equipo involucrándolos a todos. ¡Extraordinario!

—Mi recomendación es que a cada resultado clave que deban conseguir lo vean como un indicador de rendimiento de su proyecto. Reflexiona sobre lo que les impide lograr el valor esperado y, una vez encuentres la causa, generen las acciones para solucionar o remover el obstáculo como equipo. Este proceso lo repites con cada obstáculo, empezando del más relevante al que tiene menos importancia, tomando en cuenta la capacidad de tu equipo.

—*Toyota Kata,* qué interesante. Quiero saber más de ello, abuelo.

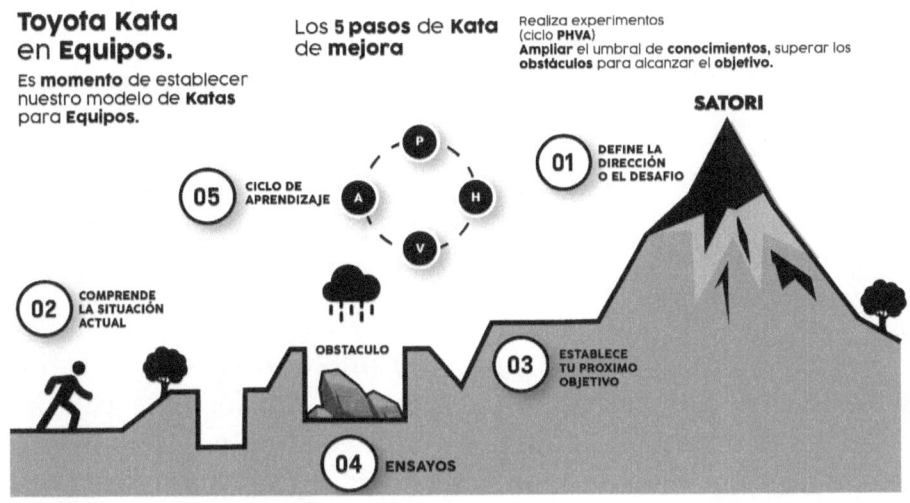

—Mike Rother, escribió un libro dedicado exclusivamente a este tema. Si quieres saber más, te invito a leerlo, pero ahora quiero que nos concentremos en los elementos clave que te ayudarán con tu equipo.

—Entiendo, abuelo. Entonces debo hacer dos cambios. El primero es que dejaré de decirle qué hacer a mi equipo y el segundo es que no miraremos las tareas a ejecutar primero, sino los obstáculos que enfrentamos en el proyecto como equipo, usando la herramienta que me acabas de enseñar.

—No lo podías decir mejor. El primer punto es fundamental, recuerda que como equipo siempre van a tener una mejor mirada y vas a aprovechar la inteligencia, la experiencia y la visión de todos. En cuanto al segundo punto, los japoneses veían los obstáculos o errores como un tesoro, ya que mostraban en qué se podía mejorar y lo enfrentaban como si estuviesen aún en batalla. No olvides mi recomendación y hazlo cada dos semanas. Cuando estás con un equipo que está ganando madurez, debes acompañarlos y, en la medida en que maduren, podrás extender los periodos de planeación. Algo muy importante, siempre al final de cada sesión de planeación deben asegurar todos los elementos que analizaron y velar por realmente conseguir los resultados clave que los llevarán a alcanzar el objetivo.

—Perfecto, abuelo, me queda claro. Entre más avanzas, evidencio que estaba subutilizando la capacidad del equipo y solo estaba usando mi experiencia y habilidades, desconociendo que ellos tienen mucho que aportar.

—Lo último, más que una herramienta, es una práctica, simplemente debes hacer *una reunión diaria*. Esta reunión no debe tardar más de quince minutos, el objetivo de esta es que el equipo se mantenga sincronizado. Ya que todos están haciendo actividades para lograr los resultados, es relevante que estén en constante comunicación. En esta reunión pueden acordar las tareas que harán ese día, contar el avance de las tareas que realizaron el día anterior o si hay algo que pone en riesgo lograr el objetivo o resultado clave. Como puedes notar, es muy valiosa si la haces al inicio de cada jornada.

—Es algo que yo actualmente hago, abuelo. Cada día ellos me dan el avance de sus actividades y yo les digo las actividades que deben ejecutar durante el día.

—Ese precisamente es el problema, recuerda que la *reunión diaria* es un espacio de sincronización y no de seguimiento. Debes aprovechar la inteligencia colectiva, ese seguimiento no solo hace más lento e ineficiente a tu equipo, sino que te lleva a los niveles de estrés y sobrecarga que traes. Generalmente, los resultados en proyectos complejos son más pobres cuando te enfocas en el seguimiento. Cuando aprovechas la inteligencia colectiva es más rápido y eficiente. Esa es la gran diferencia entre un líder y un jefe.

—Gracias abuelo, ahora entiendo por qué se habla que los japoneses trabajan más inteligentemente. Realmente no se trata de trabajar más, se trata de trabajar mejor . Únicamente me queda una pregunta, abuelo. ¿Se debe hacer siempre en la mañana?

—No es obligatorio, aunque podría ser en otro horario. Mi recomendación es que la hagas al iniciar la jornada de trabajo, así estarán más frescos y tendrán un día por delante si hay temas relevantes que se deban solucionar. Pero sin importar la hora a la que la hagas, intenta hacerla cada día a la misma hora para crear el hábito.

—Perfecto abuelo, estos eran los elementos que necesitaba para lograr el equilibrio y mejorar los resultados. Si tengo dudas, ¿te puedo contactar?

—Por supuesto, hijo. Siempre estaré aquí para ti. Hay muchas prácticas adicionales que podrás aprender de Japón. Pero recuerda, la esencia del éxito japonés está en los principios de BUSHIDO. Justicia, para hacer lo correcto. Respeto por todos y todas. Coraje, para enfrentar cada desafío. Honor para originar autoridad moral. Empatía, para comprender a los demás. Honestidad, para generar confianza. Lealtad, para mantener la confianza en el tiempo. Mira cada día como una batalla y enfréntate como lo haría un samurái.

—Estoy muy emocionado, al conocer las herramientas y los principios Japoneses, jamás pensé que sería tan fácil. A partir de mañana incorporaré las nuevas herramientas junto con el equipo. Muchas gracias abuelo.

Andrés y yo terminamos de cenar y nos dirigimos al bar del restaurante, la ciudad estaba tranquila, había muchas personas en la calle y el contraste de las luces con el brillo de los últimos copos de nieve de la temporada cayendo, le daba un halo místico a la jornada. La noche se había puesto muy fría, así que buscamos un lugar junto a la calefacción.

—Las prácticas que aprendí de mi abuelo sobre India y Japón me llevaron a que mi equipo lograra exitosos resultados en el proyecto. La compañía, no solo recuperó clientes, sino que empezó a ser la más importante en ese segmento de mercado. Mi vida personal estaba mucho mejor, mi salud había mejorado significativamente, junto con ello, la relación con mi esposa e hija estaban en el mejor momento.

»Pronto llegó una gran oportunidad, mi compañía crearía una nueva área, la de innovación. Los altos ejecutivos decidieron, gracias a mis resultados, que sería yo quien la dirigiese. Fue en ese momento cuando me invadió un frío por todo el cuerpo, volví a sentir mucha incertidumbre. Realmente no sabía mucho de innovación y a mi mentor y abuelo, lo veía muy viejo como para tratar este tema, pero, aun así, decidí buscarlo.

Herramientas y prácticas de Japón

- Principios del BUSHIDO «El Camino del Guerrero»

    o **Gi (justicia),** para hacer lo correcto.

    o **Reí (respeto, cortesía),** para todos y todas.

    o **Yu (coraje),** para enfrentar cada desafío.

    o **Meiyo (honor)**, para originar autoridad moral.

    o **Jin (empatía, compasión),** para comprender a los demás.

    o **Makoto (honestidad),** para generar confianza.

    o **Chuugi (lealtad),** para mantener la confianza en el tiempo

- Identidad de equipo

    o **Propósito** - Debe responder como equipo: ¿por qué existen?, ¿para qué nacieron? Deben buscar juntos una frase que los identifique.

    o **Valores** - Deben seleccionar de cuatro a cinco valores que los identifique como equipo y guíen el comportamiento del mismo.

○ **Acuerdos** - Conjunto de normas o reglas que establece el equipo para garantizar la convivencia y los resultados.

○ **Metas** - Las metas pueden ser operacionales o de equipo. Deben plantearse en lo posible trimestrales y definir resultados clave para alcanzarlas.

- Objetivos.

    ○ **Operacionales** - Son aquellos que se deben lograr como resultado de la ejecución de acciones en un proyecto o en la operación y deben estar alineados con los objetivos estratégicos de la compañía.

    ○ **De equipo** - Son los que, como equipo, se plantean para garantizar la evolución, la mejora continua y ganar madurez como equipo.

- Mejora Continua - Kaizen.

    ○ Reconocer el problema o la oportunidad de mejora.

    ○ Tener acciones para mejorar en cada momento, aspirar a hacerlo un poco mejor cada día.

    ○ La mejora no tiene fin, siempre se puede hacer un poco mejor.

    ○ Simplicidad. No esperes la solución perfecta, solo ejecuta.

    ○ No puedes avanzar si no reconoces en dónde lo puedes hacer mejor. Usa el feedback.

- **Planeación - Toyota Kata.**

  o Debes tener clara la meta u objetivo, la dirección del desafío.

  o Encuentra tu estado actual. Cómo estás hoy versus el desafío.

  o Define un siguiente resultado clave.

  o Encuentra los obstáculos para lograr ese resultado.

  o Crear acciones que te permitan superarlo.

- **Reunión diaria, sincronización de equipo.**

  o Reúnete todos los días a la misma hora, separa quince minutos en las agendas de todos

  o Todos en el equipo deben hablar de las actividades que planean realizar, las que realizaron el día anterior y si ven algún posible riesgo de lograr el resultado clave.

  o Recuerda que es un espacio de sincronización y no de seguimiento, aprovecha la inteligencia colectiva.

Innovación, transformación digital

4

Las enseñanzas de Noruega. Prácticas de los países nórdicos.

«Innovación»

«El liderazgo no se trata de escoger las mejores decisiones, si no de crear un entorno, donde las mejores decisiones emerjan por sí mismas»

-Jurgen Appelo

—Hola, abuelo. ¿Cómo estás?

—Muy bien, hijo. Cuéntame, ¿cómo va tu vida?

—Todo va muy bien, las cosas en el trabajo fluyen a la perfección. Cada vez me siento más orgulloso de los logros del equipo. He visto cómo avanzan y se desarrollan personal y profesionalmente. En cuanto a la familia, todos muy bien, Sofía y la niña te mandan saludos. Tuvieron una fiesta de una compañera del colegio de la nena.

—Cuando regreses, dales un beso y abrazo de mi parte. Me decías por teléfono que te acaban de promover en tu trabajo. Me alegra mucho que tu carrera siga avanzando.

—Así es abuelo, ahora tengo el desafío de liderar a la compañía en la creación del área de innovación. Pero, para serte honesto, me da miedo este desafío, es algo nuevo para mí, y no sé cómo enfrentarlo. Esa es otra de las razones de mi visita, me gustaría saber si tú sabes algo del tema.

El anciano sonrió y soltó una pequeña risa.

—Claro que sí, hijo, realmente la innovación es tan antigua como el hombre en la Tierra. Hay varios ejemplos, el fuego o la rueda son algunos de ellos. Como estos hay miles de ejemplos más de innovación que son muy antiguos, la innovación no es algo de lo que solo se esté hablando en este tiempo. Realmente, cada proceso evolutivo está precedido de una crisis, que a través de la supervivencia y la adaptación llega a una transformación. Para ti, ¿qué es innovación?

—Desde mi punto de vista es hacer algo creativo. Puede ser nuevo o mejorar algo existente.

—Sí, estos son elementos de la innovación, pero, para que estemos claros te voy a explicar de qué se trata. Te enseñaré herramientas y prácticas poderosas para trabajar la innovación. Esto lo aprendí durante el tiempo que pasé en Noruega y otros países nórdicos. Ellos son un gran ejemplo de innovación, entre otras muchas virtudes que tienen.

—No sabes el alivio que me haces sentir abuelo. Te confieso que no estaba seguro de que me pudieras ayudar con esto de la innovación. Veo que la experiencia de haber compartido tu tiempo con múltiples culturas te da un panorama mucho más amplio del que yo sería capaz de ver sin tu ayuda.

—Así es, tener la oportunidad de vivir y trabajar en tantos lugares del mundo enriqueció mi conocimiento y experiencia, pero esto no sirve de nada si no lo pones en acción. Recuerda, la diferencia entre saber y aprender, es que aprender requiere ponerlo en práctica. Puedes saber muchas cosas, las cuales no te sirvan para nada.

»Ahora sí, vamos al punto. La innovación se desarrolla en cuatro partes. La primera es que debes encontrar una oportunidad, es decir, un problema o una necesidad que aún no ha sido cubierta. Hay dos clases de oportunidades, las que encuentras a través de escuchar a tus clientes, actuales o prospectos; y las disruptivas, aquellas que ni siquiera tus clientes saben que necesitan.

—¿Me podrías dar un ejemplo de oportunidades disruptivas?

—Claro, es muy fácil, recuerda esta frase de Henry Ford, «si le hubiera preguntado a mis clientes qué querían, me habrían pedido caballos más rápidos». Esta clase de innovación disruptiva es menos frecuente. Steve Jobs, fue una de las personas que demostró tener esa cualidad. A ellos los llamamos visionarios. La buena noticia es que no necesitas ser Jobs para innovar. Ya eres un ganador, si trabajas con tu equipo en la innovación que se logra a través de escuchar a sus clientes, con ello, estarás varios pasos adelante de la competencia.

—Me queda claro. Pero, si la oportunidad es el primer elemento, ¿cuáles son los otros tres?

—El segundo es generar una idea que solucione el problema o aproveche la oportunidad. Es por el que la mayoría empieza, y eso, normalmente es un error. Debido a que no es lo mismo encontrar la solución a un problema que encontrarle un problema a la solución. Suena un poco tonto, pero muchos ejecutivos con los que compartí, se enfocaban en buscar aplicabilidad a ideas que ellos veían magníficas y después todos tenían que intentar hacerla exitosa. Esto rara vez funciona. Pero el problema mayor es que se invierte mucho dinero y tiempo en este tipo de ideas y los ejecutivos caen en el sesgo, como dirían los estoicos, del coste hundido. Esto, lo que quiere decir, es que entre más dinero y tiempo se invierte en algo, menos queremos abandonar el proyecto, ya que nos rehusamos a perder la inversión inicial y cuando queremos parar, ya es demasiado tarde. Ten mucho cuidado en caer en ello, hijo.

—Aunque parezca extraño, ya dos ejecutivos de la compañía me buscaron con ideas para mi nuevo departamento de innovación. Lo casual es que ninguno de ellos me habló del problema o la oportunidad. Qué bueno que vine a hablar contigo.

—Sabes que amo hablar de esto, hijo. El tercer elemento es hacer realidad esa idea, es poder crearla y volverla algo tangible. Se trata de construir o desarrollar aquello que surgió del proceso de ideación. Con esto ya tenemos un producto o un servicio que podría ser innovador. Pero para que realmente lo podamos llamar innovación, este debe ser exitoso, que es nuestro cuarto elemento. Lo que quiere decir es que debe resolver el problema de forma masiva, debe ser usado por la mayoría de personas que tengan la necesidad.

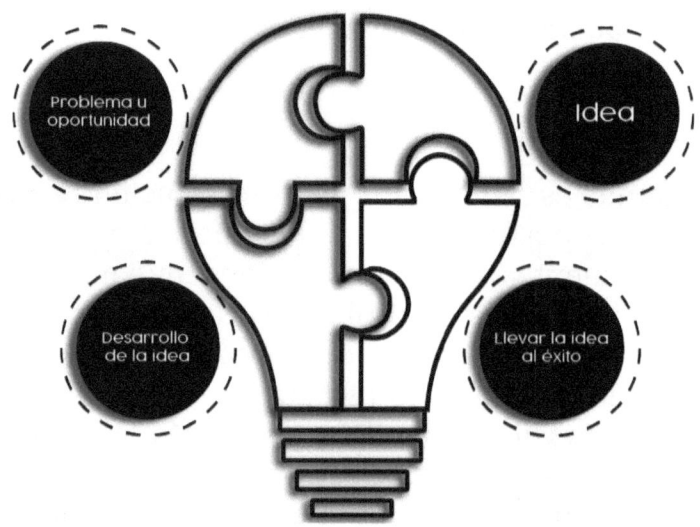

—Ahora que te escucho, me parece algo obvio. No me puedo imaginar una solución innovadora que nadie utilice. Si no es usada, por nueva o novedosa que fuese, no podría considerarse innovación. Gracias, abuelo. Esta claridad era de vital importancia para mí.

—Como me comentabas que tu reto es desarrollar el área de innovación, hay elementos clave que debes tener en cuenta para lograrlo. Debes iniciar con la estructura, ya que la jerarquía clásica te va a restar velocidad para innovar, el tiempo es fundamental. Segundo, es el modo de trabajar. Lo que aprendiste de las prácticas de Japón te será muy útil este momento, pero debes incorporar elementos de descubrimiento de producto. Tercero, es el desarrollo de habilidades y potenciar el talento de los equipos. Cuarto, el estilo de liderazgo. Debes fortalecer los lazos de confianza entre las personas y los equipos. No olvides la velocidad, debes ejecutar muy rápido, analizar, aprender y volver a ejecutar. Al moverte en innovación vas a entrar en el terreno de los problemas complejos, y para solucionarlos, debes aplicar prácticas emergentes y realizar experimentación. El modelo clásico de ensayo y error.

—Son muchas cosas. Realmente no creo que esté listo para este reto.

—Andrés, calma. Te voy a enseñar cómo hacerlo de una forma un poco más fácil. El camino que has recorrido a través de aplicar las prácticas de India y Japón, con seguridad te prepararon para este paso. Así como los directivos de tu compañía, yo también confío en que serás capaz de lograrlo. Vamos por partes.

»Primero, la estructura. Dentro de un modelo de innovación, la estructura debe ser lo más plana posible, tu área debe funcionar como una Start-up dentro de la compañía. Esto quiere decir que la mayor parte de las decisiones van a ser tomadas por los equipos de trabajo. Debes crear un entorno ágil basado en la confianza y la evolución. Es imperativo que siempre estés cuidando la rentabilidad, debes analizar el retorno a la inversión de cada proyecto. Recuerda que estarás liderando las iniciativas clave y preparando tu compañía para el futuro. Vas a pasar de una estructura donde las decisiones son centralizadas a una donde son descentralizadas. Así que lo primero es entender cómo vas a manejar la delegación y el empoderamiento.

—¿Existe alguna herramienta que me ayude a conseguirlo?

—En Noruega aprendí una forma de hacerlo. Lo primero que quiero que tengas en mente es que no puedes delegar la responsabilidad. Siempre serás el último responsable, solo puedes delegar la toma de decisiones. Las decisiones no las vas a delegar a una persona, las vas a delegar al equipo, ellos van a usar la inteligencia colectiva. Para poder delegar debes tener tres aspectos claros. Uno, si la decisión es reversible o irreversible. Rara vez una decisión no tiene reversa, pero de ser el caso, es una que debes tomar con mucha calma. Dos, el impacto de la decisión. Y tres, el nivel de madurez del equipo. El empoderamiento no es un acto binario de 1 o 0, realmente tiene sus matices.

»A su vez, el proceso de delegación puede ser de cinco niveles. El primero es no delegar, cuando el líder es quien toma la decisión por su cuenta únicamente. El segundo es conversar el tema con el equipo, explicarles de qué se trata y pedir su consejo, pero el líder toma la decisión. El tercero es acordar, en este caso la decisión la toman en consenso entre el equipo y el líder. En el cuarto, el equipo toma la decisión, pero le pide consejo al líder antes de tomarla. Y en el último, el equipo toma la decisión y no es necesario que el líder participe. Para lograr que esto funcione puedes crear una matriz donde pones las decisiones en la primera columna de forma vertical y los cinco niveles en la primera fila de forma horizontal. Entonces, a cada tipo de decisión le marcas el grado de delegación que puede tener.

Actividad	Decidir	Consultar	Concenso	Aconsejar	Delegar
Contratar un nuevo miembro del equipo.	X		⊗		
Vacaciones.	X		⊗		
Quien asiste a una formación.		X			⊗
Estrategia de Ventas	X	⊗			
Acciones antes un ataque de Ciber Seguridad.	X ⊗				

(Esta tabla se lleno a modo de ejemplo, cada persona debe poner los datos según considere)

X Actual ⊗ Ideal

—Yo veía el empoderamiento de manera muy diferente, y lo que me explicas, uniéndose con lo que me enseñaste sobre Japón, ¡es perfecto! Abuelo, una pregunta, me hablaste de mantener una estructura plana, ¿cómo puedo hacerlo cuando el área crezca?

—Debes tener claro cómo funciona. Para ello te voy a dar un ejemplo muy fácil de entender. Piensa en una farmacéutica que quiere innovar desarrollando un nuevo medicamento. La oportunidad o el problema a resolver puede ser una enfermedad que aún no tiene cura o una vacuna para prevenirla.

»El área de innovación se encargará de hacer experimentos o ensayos que permitan, con base en hipótesis, identificar una solución al problema. Este debe pasar por varias etapas de verificación y pruebas con usuarios reales. Pero, una vez que se determina que el producto desarrollado realmente soluciona el problema o parte de él, esta solución pasa al equipo de explotación.

—Voy entendiendo. ¿Existe un equipo de innovación y otro de explotación?

—Así es, al de innovación le llamaremos equipo de exploración, y al que lleva la operación, será el de explotación. Como sus nombres lo indican, un equipo se encarga de buscar soluciones nuevas a través de experimentación y prácticas novedosas. Y el otro equipo se encargará de masificar esa solución y atender la operación. Entonces, tú y tu equipo deben crear las soluciones que preparen a la compañía para el futuro. Mi recomendación es que por cada oportunidad exista un equipo completamente autónomo en la toma de decisiones. Puede pasarte que la oportunidad exija más de un equipo. No hay problema, existen marcos de trabajo para desarrollar estos modelos de forma escalada. Si te llega a pasar, no dudes en buscarme. Ahora, tu estructura podrá seguir siendo plana, serán como planetas independientes en un mismo sistema solar. Todos giran alrededor del Sol que, en tu caso, es tu compañía. Ahora, el área de explotación debe seguir funcionando a través de buenas prácticas y decisiones más centralizadas, esto permite replicar el conocimiento de manera más eficiente.

—Lo que me quieres decir es que mi área será la de exploración, nos concentraremos en el desarrollo de oportunidades, por ende, debemos ser muy efectivos. Y, por otro lado, tenemos el área de explotación, que se encarga de masificar los productos o servicios que creamos y los hacen más eficientes. En esta última, las jerarquías y decisiones centralizadas funcionan bien.

—Ya lo tienes, es la forma de mantener la estructura plana. Los productos o servicios que ustedes desarrollen, los deben pasar al área de explotación y ustedes se concentrarán en la siguiente oportunidad.

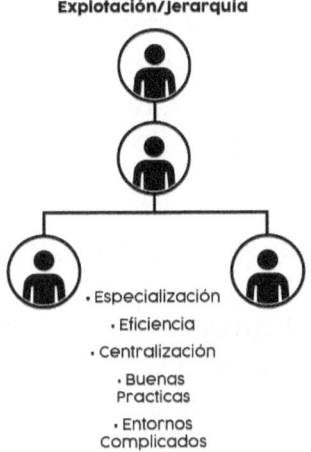
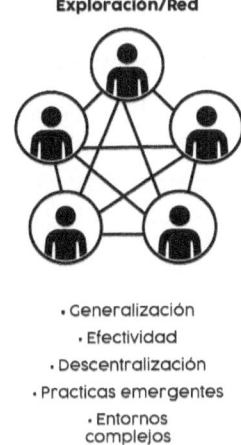

Explotación/Jerarquía
- Especialización
- Eficiencia
- Centralización
- Buenas Practicas
- Entornos Complicados

Exploración/Red
- Generalización
- Efectividad
- Descentralización
- Practicas emergentes
- Entornos complejos

—Me queda claro, abuelo. Pero, ¿qué más debo tener en cuenta?

—El segundo punto a tener en cuenta es generar una nueva manera de trabajar e incorporar estrategias de desarrollo de producto. Se trata de masificar lo que aprendiste de las prácticas de Japón. Solo que, en ese momento, nos concentramos en la ejecución, en desarrollar el producto. Ahora debemos verlo un poco más ampliamente. Los proyectos deben pasar por diferentes etapas, hay varias maneras de abordarlos, pero la más útil desde mi punto de vista es usar *Design Thinking* junto con Lean Startup. Te voy a mostrar sus pasos, pero luego puedes buscarme para profundizar sobre ellos.

—Por supuesto —dijo Andrés con emoción en los ojos.

—Cada *framework* tiene una serie de pasos y herramientas para llevarlos a cabo. Te mostraré los que, a partir de mi experiencia, funcionan mucho mejor. Te voy a describir cada paso.

»Primero, generar empatía. Debes entender quién es tu cliente ideal, a quién quieres llegar con tus soluciones, que es la misma persona a la que vas a atender sus necesidades. Busca varios clientes que cumplan con esas características y entrevístalos, encuéstalos o en general, escúchalos. Serán ellos los que te mostrarán el camino.

»El segundo paso será definir. Entiende qué soluciones existen en el mercado para atender esa oportunidad. Piensa cómo podrían ser mejoradas. Atendiendo a los problemas que conoces de tus clientes, valida tu entorno externo e interno, como regulaciones y normas. Es muy importante que tengas claro a qué y a quién te enfrentas.

»Luego, el tercer paso consiste en desarrollar ideas para solucionar el problema. Hay muchas herramientas disponibles para realizar ideación.

»Cuarto, construir un MVP (*minimum viable product*). Tu mínimo producto viable, como su nombre lo indica, es lo mínimo que deben desarrollar que resuelva la parte fundamental del problema. Recuerda que el tiempo y la validación son relevantes cuando haces algo nuevo y novedoso.

»Quinto, validar. Debes nuevamente mostrarle tu solución a tus clientes y garantizar que lo que construiste realmente resuelve el problema o aprovecha la oportunidad.

»Sexto, medir. Recuerda la frase de William Thomson «lo que no se define, no se puede medir. Lo que no se mide, no se mejora. Y lo que no se mejora, se degrada siempre». Debes tener métricas que te permitan determinar el éxito o fracaso del producto, puedes usar los indicadores KPI (*Key Performance Indicators*), que son muy útiles.

»El último paso es analizar la información y capitalizar el aprendizaje. Van a cometer errores, busquen que el fallo sea rápido y barato, pero más importante es que les dé información que se pueda analizar y crear acciones para mejorar. Y estos pasos los debes repetir de forma constante, será la forma en la que deben trabajar.

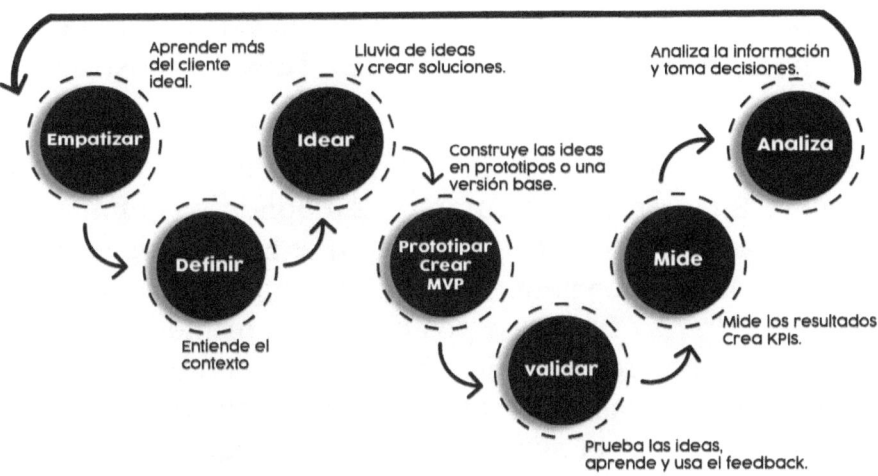

—Ahora entiendo cómo las prácticas de Japón me van a ayudar en este reto. Los pasos que me acabas de describir funcionan muy bien con las prácticas que aprendí para trabajar con mi equipo.

—Así es, hijo. Todo lo que has aprendido te ha preparado a ti y a tu equipo para este desafío. Una recomendación más, la manera más adecuada para que los productos o servicios que están desarrollando generen un mayor impacto es invertir en Marketing. Puedes acompañar el proceso con alguna compañía que sea especialista en este campo o contratar tu propio equipo, pero no descuides esta relevante área.

—Me has dado bastante información, abuelo. Aun así, solo me has explicado dos puntos para desarrollar innovación, las estructuras y el modelo de trabajo.

—El tercer punto es el desarrollo de las habilidades y potenciar el talento de los equipos. Recuerda, hijo, más difícil que encontrar el talento, es identificarlo y luego potenciarlo. Un verdadero líder ve el talento en todas partes y logra desarrollar habilidades en las personas. Debes volverte un líder que multiplique y potencie las habilidades. Te voy a mostrar una herramienta muy simple y efectiva.

»Vamos a crear un mapa de habilidades, lo harás en forma de matriz. En la primera columna vas a poner los nombres de las personas que hacen parte del equipo. En caso de que aún no los tengas, puedes poner el perfil de la persona que consideras que debería ocupar esa posición. En la primera fila debes poner las habilidades que necesitas. Estas las podríamos clasificar en tres: blandas, técnicas y digitales. Debajo de cada habilidad debes poner el número de personas que necesitas que sepan de esa habilidad en tres diferentes niveles. El primero serían los expertos, personas que son tan buenas que incluso podrían enseñar esta habilidad, puedes marcarlo en color verde. El segundo son los practicantes, personas que tienen experiencia suficiente para desarrollar la actividad sin necesidad de acompañamiento. Este lo podrías marcar en color amarillo. Y por último tendríamos a los novatos, personas que requieren apoyo en el dominio de una habilidad, este lo podrías marcar en color rojo. Una persona podría ser experta en algo, practicante en otra habilidad y novata en otra. Luego de validar el número de personas que necesitas por cada habilidad, debes clasificar a cada persona del equipo según su habilidad y llenar la matriz. Al final te debe salir un mapa donde podrás identificar habilidades en las cuales están excedidos y las falencias que pueden tener.

—Me imagino esa matriz llena de colores. Con un vistazo podré identificar las habilidades de cada persona del equipo. Será más evidente dónde somos fuertes y nuestras áreas de oportunidad. Me encanta, abuelo. Pero me surge una duda, si identifico que las habilidades que necesitamos no están 100 % cubiertas, ¿existe alguna práctica o herramienta para cubrirlas?

—Sí, hijo, así es. Los nórdicos me enseñaron cómo poder trabajar el desarrollo de habilidades basándonos en este mapa. Lo primero que tienes que hacer es entender en qué habilidades debes trabajar para desarrollar talentos. Posterior a eso vas a validar si tienes expertos en esa habilidad, recuerda que ellos deben ser personas con la capacidad de enseñar. Vas a usar a los expertos para que ayuden a subir en nivel de acuerdo a lo que necesites. Realizando trabajo en pares cada experto será mentor de su habilidad e instructor de alguna otra. Todos en el equipo pasarán por ese proceso.

—¿Y si nadie en el equipo es experto?

—Tienes dos opciones. La primera es conseguir ayuda externa, puede ser una formación o un entrenamiento en la habilidad particular o podrías contratar una persona que sea experta en el tema que se necesite, si lo ves necesario, para complementar las habilidades del equipo. Recuerda que lo poderoso de los equipos de innovación es aprovechar la diversidad.

—Me queda claro, abuelo. Solo tengo una última pregunta, ¿cada cuanto se debe llenar este mapa?

—Mira esta herramienta como un elemento vivo. Ponla al alcance de todos y modifícala cada que la información cambie.

Recuerda que en innovación cada día aprenderás cosas nuevas y las necesidades en función de habilidades también cambian de forma constante. Usa este mapa como un radiador de información con el que trabajarás el desarrollo de habilidades.

Equipo	Trabajo en equipo			Comunicación			Desarrollo de Software			Diseño			Marketing Digital		
	● 3	②	◌ 0	● 2	②	◌ 1	● 2	②	◌ 1	● 1	①	◌ 1	● 1	◌ 0	◌ 1
Andrés	●			●			●			◌			◌		
Carlos	○			○			○			◌			◌		
Analista Jr	◌			◌			◌			○			◌		
Analista Sr	○			○			○			○			○		
Experto	●			○			●			○			○		

● Experto   ○ Practicante   ◌ Principiante

—Hablar contigo me tranquiliza. Sé que tengo mucho trabajo por realizar, pero ya veo un camino por el cual transitar. ¿Hay algo más que pueda hacer por mejorar mi liderazgo?

—Claro que sí. Vamos a emplear varias técnicas. Primero, debes conectar a las personas con el propósito de la organización y crear el propósito de tu área. Segundo, es importante entender la motivación, cómo funciona y cómo puedes aplicarla. Por último, inspirar. Debes transmitir inspiración e influenciar el mejor trabajo posible, producir una cultura donde todos transpiren innovación y producir un efecto multiplicador.

»Tal como lo hiciste con tu equipo cuando aprendiste las prácticas de Japón, acá vas a dar forma al propósito del área.

Lo importante es que cada persona se manifieste con lo que están haciendo, no es desarrollar un producto o un servicio, hay algo mucho más profundo que eso.

—Creo que no me quedó muy claro.

—Te voy a explicar cómo quiero que veas este tema. Te contaré una breve historia. Resulta que había tres obreros que estaban trabajando en una construcción, de repente, se acerca una señorita y le pregunta a cada uno ¿cuál es tu trabajo? El primero le respondió, «yo debo pegar ladrillos». El segundo le manifestó, «yo estoy construyendo una pared». El tercero le dijo, «Señorita, mi trabajo es construir la catedral más hermosa de nuestro pueblo». A pesar de que los tres respondieron con la verdad, hay una gran diferencia con la forma en la que cada uno ve su trabajo. Hijo, lo que quiero es que, a través del propósito, cada persona que trabaja contigo tenga claro que lo que están haciendo es construir una majestuosa catedral.

—A pesar de que ya llevo algunos años trabajando el tema del propósito con mis equipos, esta analogía me hace reflexionar en lo útil que puede ser para conectar a las personas, no solo con la actividad que realizan, sino también con el bien mayor que van a generar.

—Así es, hijo. El estilo de liderazgo que vas a empezar a crear debe promover la conexión entre las personas para fortalecer la confianza. Otra técnica es la motivación. ¿Sabes cómo motivar a las personas?

—Con dinero... Bueno, también un buen ambiente laboral y estar en un lugar donde se puedan desarrollar profesionalmente.

—La realidad es que el dinero es el factor fundamental, es lo mínimo que debes garantizar, pero no es lo único, hay otros factores que también son muy importantes. Lo primero, es que sepas que tenemos dos tipos de motivación, la intrínseca, que es la que nace del interior; por ejemplo, la curiosidad, la autonomía, la maestría o la responsabilidad. La extrínseca viene de factores externos; por ejemplo, aceptación, confianza o retos. Ambas son relevantes, pero en diferente medida para cada persona. Por ello, como líder, debes tomarte el trabajo de conocer a las personas de tu equipo y saber qué los motiva. Recuerda, «no hay nada más desigual, que tratar a todo el mundo igual».

—Una de mis responsabilidades como líder sería conocer a las personas de mi equipo, no solo su nombre y datos básicos, sino también las cosas que verdaderamente los motivan. Lo que entiendo, abuelo, es que mi trabajo en este punto es facilitar que mi equipo esté en un entorno donde pueda desarrollar todo su potencial. ¿Es así?

—Sí, así es. Es parte de tu labor como líder, no obstante, debes recordar los objetivos operacionales y que tu equipo va a tener condiciones favorables en el trabajo, en la medida en que se consigan los resultados. Son dos caras de la misma moneda, debes trabajar ambos y los dos son tu responsabilidad.

—Perfecto, abuelo, me queda claro. Pero, ¿cómo puedo hacer para inspirarlos?

—Inspirar es algo muy hermoso que debemos hacer como líderes. Ya que conoces a tu equipo y sabes qué los motiva, para inspirarlos debes conectarlos a todos con las metas que quieren alcanzar. En este punto puedes crear un ritual que los ponga en modo de competencia. Lo que te quiero decir es que todos podemos desarrollar nuestro máximo potencial cuando las condiciones se dan para ello. Muchos deportistas usan la música como ritual para inspirarse. Un ejemplo que estoy seguro de que conoces se dio en la película Rocky. Debes recordar la canción que sonaba cuando Rocky debía entrenar al máximo nivel.

—Claro que sí. Amo esa canción.

—Cuando la escuchas o piensas en esa canción, ¿cómo te sientes?

—Me da una inyección de energía, es como si me invitara a la acción.

—Esta es una forma extraordinaria de inspirar. Cada que tengas una situación importante, un tema crítico que debas resolver, vas a emplear el ritual que creaste para ello. Es una manera maravillosa de sacar el potencial oculto que todos tenemos dentro. No subestimes el poder de las cosas pequeñas, te aseguro que, si sigues estos pasos, lograrás resultados extraordinarios con tu equipo. Las personas van a querer trabajar con ustedes, tu área será un lugar donde todos anhelen estar. Donde se logren resultados efectivos y las personas desarrollen su máximo potencial.

—Abuelo, de solo pensarlo siento una energía muy fuerte dentro de mí. Muero de ganas por poner todo esto que me enseñas en práctica ya mismo. Sé que no es un camino fácil, pero deseo recorrerlo, esto que me has compartido me ha transformado. Gracias.

—Tus palabras y el saber que te soy útil es algo que a este viejo le hace sentir muy bien. Me encanta que una persona joven como tú sea tan espontánea y receptiva a los conocimientos de un anciano.

—Abuelo, no quiero abusar de tu tiempo, pero hay otra cosa que te debo comentar. Uno de los primeros retos que tengo al crear el área de innovación es desarrollar una estrategia de sostenibilidad, e inclusión. Me gustaría saber si tú me puedes ayudar con eso también.

—En mis últimos años en la industria se empezó a hablar de estos temas, pero en ese momento yo ya estaba de salida.

Lamento decirte que no te puedo ayudar, pero lo que sí puedo hacer por ti es contactarte con una amiga, una persona maravillosa que conocí cuando estaba en Estados Unidos. Ella es Costarricense, pero tuve el honor de asistir a una conferencia que ella pronunció, precisamente de los temas que me comentas. Al finalizar, la busqué para poder platicar, ya que mi curiosidad aún tenía preguntas por resolver. Nos tomamos un café y desde aquel día hemos permanecido en contacto. Voy a aprovechar la oportunidad para platicarle a ella sobre ti y pedirle que te ayude para que entiendas cómo debes abordar este importante tema.

—Gracias, abuelo, me sería bastante útil. Y ella, ¿cómo se llama?

—Su nombre es Ivannia Murillo. Búscala en redes mientras coordino una reunión entre ustedes.

El abrigo de la calefacción y el par de tragos que habíamos tomado, animaron la charla. No solo estaba fascinado con la historia de Andrés y su abuelo, así como de la fantástica ciudad nocturna que es Tokio. Entendí cómo los aspectos culturales intrínsecos de diferentes países podrían ayudarme a configurar un método ecléctico que englobe sus características principales para formar líderes de alto desempeño. La noche era aún joven y quería saber cómo seguía la historia, esta vez entre Andrés e Ivannia. Pedimos algo más de Sake y él continuó.

Herramientas y prácticas de los Países Nórdicos

- Elementos de la Innovación
    - Un problema u oportunidad.
    - Una idea que resuelva el problema o aproveche la oportunidad.
    - Desarrollo o construcción de la idea.
    - Comercializar y hacer exitoso el producto o servicio desarrollado.

- Estructuras para la innovación
    - Delegación y Empoderamiento al equipo sobre la toma de decisiones.
        - Aspectos clave: ¿La decisión es reversible? Impacto de la decisión. Nivel de madurez del equipo.
        - Niveles de empoderamiento: Líder decide. Líder consulta al equipo. Consenso. Equipo pide consejo al líder. Equipo decide.
    - Jerarquías vs. Redes.
        - Explotación vs. Exploración.

- Centralización vs. Descentralización.
- Eficiencia vs. Efectividad.
- Buenas prácticas vs. Prácticas emergentes.
- Entornos complicados vs. Entornos complejos.

● Modelo de trabajo (*Design Thinking + Lean startup*)
  ○ Generar empatía.
  ○ Análisis de contexto y entorno.
  ○ Proceso de ideación.
  ○ Construcción de un MVP (*Minimum Viable Product*).
  ○ Validación del producto o servicio en el mercado.
  ○ Medir los resultados.
  ○ Aprender, mejorar y repetir.

● Desarrollo de habilidades
  ○ Mapa de habilidades.
    - En columna, los integrantes del equipo.
    - En fila, las habilidades que necesitan, (blandas, técnicas o digitales).
    - Estrategia de desarrollo de habilidades (trabajo en pares, apoyo externo o nueva contratación).

- **Estilo de Liderazgo**

  ○ Propósito. «Estamos creando una catedral», debemos fortalecer los lazos y generar confianza.

  ○ Motivación. Debemos conocer a las personas de nuestro equipo. «No hay nada más desigual, que tratar a todo el mundo igual.». Primero debes garantizar un salario competitivo.

  - Extrínseca (factores externos). Aceptación, confianza o retos.

  - Intrínseca (factores internos). Curiosidad, autonomía, maestría o responsabilidad.

  ○ Inspiración.

  - Ritual de inspiración. Desarrollar un ritual con tu equipo, que puedan ejecutar cuando necesiten inspiración, la música es un magnífico aliado.

Sostenibilidad e Inclusión   5

«Nadie te va a recordar por cuánto dinero le hiciste ganar a los accionistas, sino por el impacto que tuviste en la sociedad»

-Indra Nooyi CEO de Pepsi Co

—Hola, Ivannia, ¿cómo estás? Te quiero agradecer mucho por liberar un espacio en tu agenda para ayudarme con este importante desafío.

—Hola, Andrés. Un gusto conocerte, puedes llamarme, Iva. Tu abuelo me habló muy bien de ti. Me comentó a breves rasgos tu dificultad. Dime, ¿cómo te puedo ayudar?

—Como ya sabes, debo crear el área de innovación en mi compañía y una de las primeras cosas que debo hacer es desarrollar la estrategia de sostenibilidad e inclusión. Mi abuelo me platicó sobre ti. Debo confesarte que vi tu trabajo en redes y sé que no puedo estar en mejores manos.

—Muchas gracias por tus palabras, Andrés, realmente me halagan. Entremos en materia. El concepto de sostenibilidad es muy amplio y dentro de este, la noción de inclusión, es solo una arista. Cuando se habla de sostenibilidad nos referimos a que los negocios y las empresas no deben pensar únicamente en generar riqueza a costa de las personas o el medio ambiente. De ahí nace el acrónimo PPP (*People, Profit and Planet*) por sus siglas en inglés, también llamado triple utilidad.

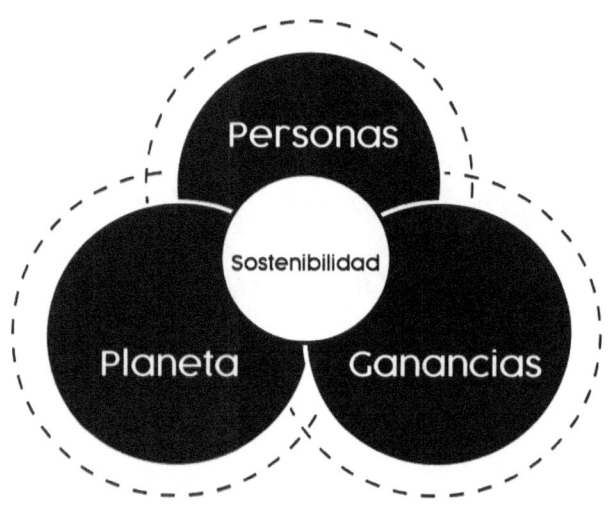

—¿Esto tendría que ver con una forma ética de desarrollar los negocios y las compañías?

—Bueno, depende, ya que hay personas que relacionan la ética con la legalidad y, desde mi punto de vista, no todo lo legal siempre es ético. Me explico. Lo que pasa es que la palabra ética está sujeta a interpretaciones. Prefiero entender la sostenibilidad como la capacidad que deben tener las empresas para ser rentables, crecer y garantizar su sostenibilidad en el tiempo, cuidando a las personas y al planeta. Todo al mismo tiempo.

—Iva, dime por favor, ¿cómo podría empezar?

—Para pensar en sostenibilidad lo primero que debes hacer es analizar los impactos, tanto positivos como negativos, que como empresa tienen en la sociedad. Dependiendo a qué se dedique tu empresa, su mayor impacto puede ser en la parte ambiental o en la parte social. Lo importante es identificarlos, entenderlos y gestionarlos.

—Te entiendo. La sostenibilidad busca cuidar a las personas, el planeta y hacer que la empresa sea rentable y sostenible en el tiempo.

—Así es, Andrés. Como dice Stephan Schmidheiny, CEO de Eternit AG y filántropo. «No puede haber empresas exitosas en sociedades fracasadas». Puede ser que en este momento haya empresas exitosas, financieramente hablando, pero si no están protegiendo el ambiente o no están creando las condiciones para que las personas tengan cada día mayor bienestar, y se limitan estrictamente a la legalidad, no son empresas sostenibles.

»El camino debe ser originar una empresa con acceso a las oportunidades, sin consumir todos los recursos para hacer rentable el negocio, teniendo en mente la triple utilidad (PPP). Y esta no es una visión únicamente filantrópica, no es que las empresas tengan que donar a los menos favorecidos. Te aclaro que, no es que esto sea malo, realmente es algo bueno, pero no es lo único. Es irónico ver empresas que contaminan el ambiente, pero donan para la escuela del barrio o a los menos favorecidos, acá no funciona *el que peca y reza empata*.

—Lamentablemente, hay muchas empresas y empresarios que creen que el dinero que ganan justifica el impacto que están generando. Algo que leí hace poco es que Noruega va a prohibir el tránsito de vehículos que funcionen mediante combustibles fósiles para el 2025.

—Noruega y los países nórdicos son un gran ejemplo de sostenibilidad. Allí lideran todos los rankings en esta materia. Ellos no solo han demostrado que se puede ser sostenible y muy rentable desde el punto de vista financiero. En Latinoamérica, Costa Rica, es otro gran ejemplo de sostenibilidad. ¿Te dijo tu abuelo que soy de allá?

—Sí, lo mencionó, Iva. Pero, tengo una pregunta respecto a lo que dijiste sobre que no funciona eso del *que peca y reza empata*. ¿Acaso los bonos de carbono no funcionan de la misma manera?

—No exactamente, los bonos de carbono fueron creados con el protocolo de Kioto, y su objetivo es reducir las emisiones de CO_2, uno de los principales gases de efecto invernadero. Esta ha sido una muy buena iniciativa, pero no es suficiente, para reducir el impacto ambiental y ser sostenibles, también debemos entender qué es lo que hacen nuestros proveedores y clientes, analizando toda la cadena de valor. Reducir mis emisiones a través de reciclar, usar menos energía eléctrica en mis edificios, tener sistemas de ventilación para apagar los aires acondicionados, está muy bien. La sostenibilidad empieza por casa, pero para hablar realmente de sostenibilidad debemos cuidar también lo que hacen las empresas proveedoras, los clientes y analizar el impacto de todo el ciclo de vida de nuestro producto o servicio.

—¡Qué interesante, Iva! En la compañía en la que trabajo nuestros productos se desarrollan de una forma sostenible, pero para construirlos empleamos materia prima de un proveedor que seguramente contamina y, adicionalmente, he sabido que contrata gente en condiciones poco favorables y no tiene políticas para acceso a personas en condiciones de vulnerabilidad. Entonces, nosotros como empresa no estaríamos aportando al desarrollo sostenible, ¿es correcto?

—Así es, pero la sostenibilidad no es un asunto de blanco o negro. Tiene una serie de matices a los que llamamos estadios de madurez o de consciencia. Lo primero es empezar por casa y, antes de analizar el contexto externo, debemos garantizar que estamos cumpliendo lo mínimo, que en este caso sería la legalidad en el país. Este es el estadio cero, o más básico, que se debe tener en sostenibilidad. Después podemos ir aumentando nuestras acciones afirmativas hasta llegar a un nivel más avanzado. Primero, internamente y, ya en ese punto, podemos analizar toda la cadena de valor.

»En algún momento se descubrió que varias empresas y marcas conocidas, aunque hacían muy bien su labor dentro del país en el que se constituyeron, fuera de sus fronteras usaban mano de obra infantil, no pagaban los salarios mínimos de ley y las condiciones laborales no eran las adecuadas. Por eso no basta con hacerlo bien en casa, analizar todos los eslabones que implican poner un producto o servicio en el mercado se convierte en algo fundamental para garantizar la sostenibilidad.

—Iva, ¿ya están definidos los estadios de madurez o existe algún marco de referencia que se pueda emplear?

—Hay empresas que se basan en normativas internacionales. Por ejemplo, la ISO 37101. Otras se regulan o generan sus reportes de sostenibilidad con base en los estándares del GRI (*Global Reporting Initiative*). Esta es una iniciativa global que dice qué y cómo se debe reportar. El solo hecho de empezar a rendir cuentas usando estas herramientas habla de un estadio de consciencia diferente. Cuando pensamos a qué nivel de madurez queremos llegar, debemos reconocer a las partes interesadas o *stakeholders*, según el giro de negocio al que tu empresa pertenezca, para saber a quién le debemos rendir cuentas.

Utilizando una normativa de base y entendiendo qué es lo que esperan del negocio las partes interesadas, puedes crear tus propios niveles de evolución.

—Iva, organizando mis ideas, lo que debo hacer es identificar las partes interesadas o a quién debo rendir cuentas, posteriormente podemos decidir ajustarnos a una norma internacional o basarnos en los estándares del GRI. Teniendo esto haríamos un proceso de diagnóstico para determinar nuestro estado actual y luego podríamos plantear un siguiente paso a través de acciones afirmativas para hacer la compañía más sostenible, habiendo creado algunos desafíos de evolución, buscando llegar al siguiente nivel. ¿Es así?

—Sí, Andrés. Considero que ese es el camino.

—Y ¿cómo puedo saber quiénes son mis interesados relevantes y qué es lo que esperan?

—Puedes usar una herramienta de mapeo de partes interesadas. La primera parte es identificar quiénes son. Debes pensar en todos aquellos que interactúan con tu negocio o servicio. En una hoja puedes escribir en el centro y poner el servicio que quieres evaluar. Luego dibuja un primer círculo para poner tu público interno, como empleados e inversionistas. Luego, en un segundo círculo, pones tu público externo, como tus clientes, proveedores, el gobierno. A través de otra herramienta, que es un mapa de empatía, puedes entender cuáles son sus necesidades y lo que ellos esperan de tu negocio. También debes validar, de acuerdo a cada interesado, el impacto positivo o negativo que estás generando.

—Bueno, mi sensación es que nosotros, como empresa, no tenemos impactos negativos. No he realizado el diagnóstico, pero sé que lo hacemos muy bien.

—Andrés, todas las empresas pueden tener impactos negativos. Aun las empresas que consideramos "buenas", empresas con mayor enfoque en las personas y en la sociedad, pueden tener algunos impactos negativos. Por ejemplo, la compañía que yo dirijo se dedica a unir las necesidades de talento de las empresas con personas que buscan mejores oportunidades laborales. Un posible impacto negativo viene de que esta es una industria susceptible a la discriminación. Otro posible impacto es que la mayoría de personas que buscamos han tenido acceso a la educación superior, pero ¿qué pasa con las personas que no han cursado estudios superiores?

»De esta manera, cuando empiezo a analizar mi estrategia de sostenibilidad y analizo mi público de interés, me doy cuenta de que hay un segmento que yo no estoy atendiendo. Y ojo con esto, Andrés, no es porque soy negligente ante ese segmento, también puedo decir, aquí hay una oportunidad de negocio, y ahí es donde hablamos de sostenibilidad. Por ejemplo, cuando yo empiezo a hablar dentro de la compañía los temas de sostenibilidad e inclusión, no solo lo hago porque creo en ello y sé que es lo correcto, sino también porque es un buen negocio.

—¡Wow, Iva! ¡Es muy interesante! No lo había visto así. Según lo que me cuentas, las acciones de sostenibilidad no solamente son buenas, sino también rentables, incluso pensando en mi nueva área, que precisamente es la de innovación, podemos atender necesidades insatisfechas en el mercado y solucionar problemas en la sociedad, ser innovadores y rentables. Te confieso que lo que me cuentas coincide con la fórmula que mi abuelo me enseñó para lograr mis objetivos. Acabo de sentir un momento de iluminación, esto cada vez me emociona más.

—Tu abuelo, Andrés, es una persona muy sabia. Su experiencia y la oportunidad que tuvo de conocer herramientas de diferentes culturas junto con su calidad humana, logró hacer que todos los que hemos compartido con él lo admiremos profundamente.

»Tú tienes una gran ventaja, ya que una estrategia de sostenibilidad difícilmente logra ser exitosa sin el apoyo de los ejecutivos, los miembros de la junta directiva y los inversionistas. Una estrategia de sostenibilidad no prosperará sin el compromiso de la alta gerencia. Si ese fuera tu caso, habrías tenido que arrancar "evangelizando" a estos importantes interesados sobre los grandes beneficios que trae consigo ser sostenibles y convencerlos de que es el camino adecuado.

»Te voy a contar un poco de lo que he hecho y espero que ello te ayude a identificar posibles acciones. Yo empecé con el voluntariado profesional, es una manera de empezar a mitigar el impacto negativo. Lo hicimos a través de alianzas público-privadas, debemos desestigmatizar que lo público no funciona. Como empresa responsable debemos abrir brecha y decir, «en mi país se pueden hacer las cosas bien». Iniciamos trabajando con la ACNUR, la agencia de la ONU para refugiados, y buscamos cómo ayudar a personas en condición de refugio a encontrar oportunidades laborales en mi país. Arrancamos a trabajar con chicos y chicas que estaban en condición de vulnerabilidad socioeconómica que no habían podido acceder a la educación superior por cualquier motivo. Y ese no era el foco de mi negocio, nuestro foco era seguir contratando personas en roles ejecutivos. Trabajando en ello, creamos una oportunidad de negocio y minimizamos los impactos negativos. Piensa con quién te puedes aliar, a quién le puedes dar horas de voluntariado, de esa manera sabrás a qué grupo vas a dirigir tu estrategia de sostenibilidad y disminuir los impactos negativos directamente asociados a tu negocio.

—Me das una perspectiva muy amplia de lo que puedo y cómo puedo acercarme para que, como compañía, seamos sostenibles. Sé que podré lograrlo de una forma que no solo impacte lo ambiental y social, sino que también sea rentable para nosotros. ¿Podríamos determinar sí nuestra estrategia de sostenibilidad va más encaminada hacia lo ambiental, lo social o si debemos trabajar las dos?

—De acuerdo a mi experiencia, he podido constatar que sin importar el giro de negocio al que tu empresa pertenezca, siempre va a haber una población en condición de vulnerabilidad. Piensa, por ejemplo, en la banca, hay una población que no ha tenido facilidades para bancarizarse o entrar en el sistema financiero tradicional para tener acceso a un crédito. En todos los giros de negocio podemos ver una serie de clientes no atendidos, siempre va a haber una población que es menos favorecida o que no tiene las mismas posibilidades de ser incluida que aquellos a los que les llega directamente.

—Yo veía la inclusión como dar oportunidades a todas las personas de pertenecer como empleados a nuestra compañía y evitar posibles acciones discriminatorias. En particular con poblaciones minoritarias o en condición de vulnerabilidad. Ahora, con lo que me explicas, veo un sentido más amplio, donde incluyamos también a nuestros clientes y proveedores.

—Andrés, una recomendación que te hago para tu estrategia y validar si vas por buen camino es usar los *Objetivos de desarrollo sostenible* (ODS). Existen varias herramientas que puedes utilizar para saber cómo vas, solo escribes qué estás haciendo y te arrojan un resultado. Dentro de los ODS, hay muchos objetivos, puedes utilizarlos como referencia, teniendo en cuenta los que tienen que ver con tu giro de negocio y en cuáles de ellos generan un impacto directo.

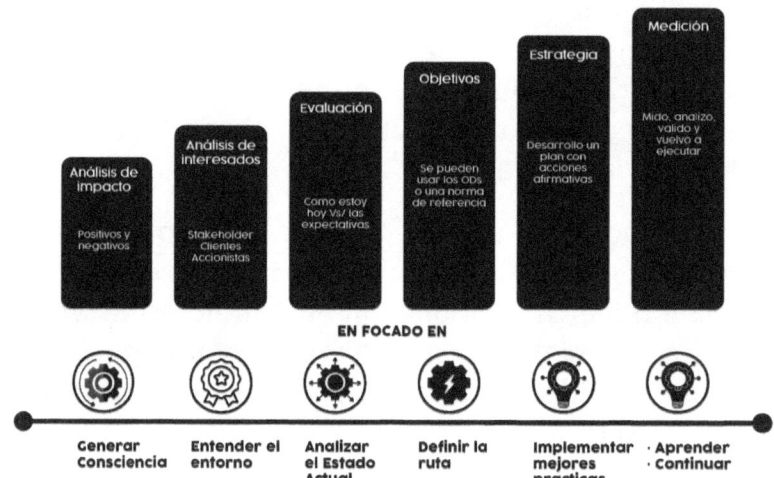

—Iva, gracias por tu tiempo y ayuda, realmente he podido resolver muchas dudas. Ahora tengo más claro el camino y los elementos para construir una buena estrategia de sostenibilidad e inclusión. Una última pregunta, ¿tienes algún consejo práctico que me puedas dar antes de despedirnos?

—Claro que sí, Andrés. El primer consejo es que formes parte de grupos de empresas que ya se encuentren en niveles más avanzados de lo que están en la tuya. Es una forma excepcional de aprender y ser mucho más efectivo en las acciones. El segundo consejo es resistir, persistir y nunca desistir. Al inicio puede ser disruptivo, algunas personas saldrán de su zona de confort. En general, la sostenibilidad nos lleva a cambios y hay que gestionarlos.

—Me interesa mucho hacerlo, ¿conoces alguna entidad que las agrupe en la que me puedas aconsejar empezar?

—Sí, puedes buscar dentro de la web de la ONU, ellos tienen muchas prácticas y los ODS publicados. Ese puede ser un excelente grupo de partida. Igual, en tu país también debe haber muchas organizaciones empresariales que se estén focalizando en trabajar en estos temas.

—Realmente estoy muy agradecido contigo, Iva. Voy a poner en práctica todos tus consejos para crear y desarrollar la estrategia de sostenibilidad e inclusión. Ha sido todo un placer conocerte.

—Lo mismo digo, Andrés. Por favor, cuéntame cómo avanzas y no dudes en contactarme si necesitas algo más.

—Así será, un abrazo.

Justo, cuando Andrés terminó de contarme de su plática con Ivannia, me ganó la curiosidad y le pregunté.

—¿Cómo te fue con tu reto como líder del área de innovación?
—Habíamos parado con el sake y el mesero nos servía una copa de vino. Ya empezaba a entrar la madrugada en Tokio y desde donde estábamos, teníamos una vista privilegiada al famoso cruce de Shibuya. No deja de sorprenderme que aun siendo tan tarde pasaran por allí tantas personas.

—Nos fue muy bien —respondió Andrés—. Al principio no fue fácil, pero pronto las cosas empezaron a fluir. La compañía se volvió un referente en la industria y todos nuestros competidores generaron sus propias estrategias para alcanzarnos. Nuestro reto fue seguir innovando y abriendo camino. Todo parecía perfecto, fueron muchos meses de éxito continuo, los accionistas, los colaboradores, los clientes y proveedores estaban felices con nosotros, logramos cambiar la forma en la que las personas veían nuestro negocio, todo iba perfecto. Era yo quien estaba marcando el camino en la compañía, pronto me volví el consejero y mano derecha del CEO. Todo era perfecto, hasta un fatídico día, después de ese momento nada volvería a ser igual.

—¿Qué pasó, Andrés, a qué día te refieres?

—*En mi mejor momento, tanto profesional como personal, cuando todo parecía perfecto, nuestra hija empezó a sentirse mal, ya no era la de siempre. No quería jugar y se notaba con mucho desaliento, la preocupación aumentó cuando empezó a tener episodios con vómito, mareo y convulsiones. De inmediato la llevamos al médico, ella no estaba bien y habíamos tenido que pasar horas esperando a que los médicos nos dijeran qué tenía. Le efectuaron múltiples exámenes, pero solo nos decían: «debemos esperar a los resultados de los exámenes». Estábamos muy preocupados y ansiosos, pero debíamos esperar a la semana siguiente.*

»*El domingo en la noche estaba en casa con Sofía y la niña, cuando me llamó el CEO, y me preguntó: «¿Estás viendo las noticias?». Lo recuerdo como si fuera anoche. Pronto, encendí el televisor, se anunciaba una nueva ley que obligaría a cambiar toda nuestra estrategia de producto. El problema es que estábamos a pocas semanas de un lanzamiento en el que veníamos trabajando por meses y habíamos realizado una gran campaña de expectativa, este momento adverso sacó lo peor de mí. Todo lo que consideraba perfecto se derrumbaba en un abrir y cerrar de ojos y yo no podía hacer nada para cambiarlo. Empecé a pensar lo peor y sentí que mi mundo se desmoronaba. Tenía una gran sensación de frustración, no sabía qué hacer, las semanas siguientes ya no era el Andrés confiado, seguro y optimista, solo podía ver oscuridad. Los resultados de los exámenes de la niña no eran concluyentes, pero parecían el presagio de algo malo, y en la compañía, prácticamente teníamos que deshacer la propuesta que traíamos. Me sentía peor que al principio, así que decidí buscar nuevamente a mi abuelo.*

Herramientas y prácticas de Sostenibilidad e Inclusión

- Elementos de la sostenibilidad (PPP) Triple utilidad
  - *People.*
  - *Profit.*
  - *Planet.*
  - Estadios de Madurez o de consciencia sostenible.
  - Nivel 0, cumplir con la normativa legal de cada país.
  - Conocer a los interesados y qué esperan de nuestro producto o servicio.
    - Mapa de *Stakeholders*
    - Mapa de Empatía.
  - Plantear objetivos, se pueden usar como referencia:
    - ISO 37101.
    - (GRI) *Global Reporting Initiative.*
    - (ODS) Objetivos de Desarrollo Sostenible.

- Pasos para crear la estrategia de sostenibilidad

　○ Analiza los impactos de acuerdo a tu giro de negocio. Valida tanto los positivos como los negativos.

　○ A través del mapa de *Stakeholders* y de empatía se analiza qué esperan de mi producto o servicio todos los interesados.

　○ Evalúo cómo estoy hoy respecto a esas expectativas.

　○ Planteo los objetivos (puedo usar alguna norma de referencia).

　○ Creo un plan con acciones afirmativas que me hagan más sostenible.

　○ Mido, valido, analizo y vuelvo a ejecutar.

- Tips para potenciar tus resultados

　○ Forma parte de grupos de empresas que ya se encuentren en niveles más avanzados.

　○ Busca dentro de la web de la ONU, los ODS y muchas herramientas más.

　○ Se resiliente. Insiste, resiste y nunca desistas.

　○ Busca apoyo de la capa ejecutiva de la empresa. Evangeliza las ventajas de ser sostenible.

Disfrútalo a través de **AR** descargando la **APP Satori AR** y escaneando la siguiente imagen:

*Activa tu cámara.

Las enseñanzas de Grecia | 6

Prácticas del estoicismo

«Crisis»

«No desarrollas valentía cuando todo va bien, sino cuando sobrevives a momentos difíciles y desafías la adversidad».

-Epicteto

—Hola, abuelo. Me urge hablar contigo —dijo Andrés cuando lo recibió su abuelo en la puerta de su casa.

—Hola, hijo, me alegra verte. Claro, pasa, pasa. ¿Qué saben de la salud de la nena?

—Es una incertidumbre. Los médicos dicen que no corre grave peligro, pero que los episodios de convulsión se pueden repetir y debemos estar atentos. Sofía cuida a la nena todo el tiempo. Es preocupante, la verdad. Además, casi no tengo cabeza para los problemas de la compañía. Aun así, he logrado mantener la calma la mayor parte del tiempo y alejar los pensamientos negativos gracias a las prácticas de India que me enseñaste. No sé dónde estaría sin ellas. Aunque me falta práctica, en ocasiones siento que no son suficientes, la realidad que estoy viviendo a ratos me agobia, es como un túnel sin salida. Es inevitable ceder al pesimismo.

—Me encantaría decirte que tengo la solución para tus problemas, hijo, pero lamentablemente, no es así. Las prácticas de India son bastante útiles en el diario vivir, pero en contextos más extremos se puede recurrir a prácticas mucho más potentes, como las que aprendí de la filosofía estoica y que, aunque no van a cambiar las cosas que ahora te están pasando, con seguridad te van a ayudar a cambiar la forma en la que las estás asumiendo y calmar tu mente para tomar decisiones más acertadas.

—¡Filosofía estoica! ¿De qué se trata?

—Fue una escuela filosófica que nació en el año 300 antes de Cristo. Fueron reconocidos por la capacidad de mantener una mente serena aún en situaciones muy adversas. Sabrás que por esa época las cosas no eran fáciles. La mayoría de los menores de cinco años fallecían, existía la pena de muerte, los exilios y las guerras eran muy comunes, reinaba un ambiente de incertidumbre, había mucho caos y violencia.

—Abuelo, ¿crees que una filosofía tan antigua se pueda aplicar a un contexto completamente diferente?

—Más de lo que imaginas, la filosofía estoica es netamente práctica. Mira, tú que eres ingeniero en sistemas sabrás más de esto, pero diría que es como instalar un nuevo sistema operativo en las personas.

—Sería como cambiar la base con la que desarrollamos los pensamientos y emociones.

—Algo así, los estoicos desarrollaron una forma de ver la vida, que, si la adoptas, te ayudará a encontrar calma y paz interior incluso en momentos de extrema tormenta. A través de su sabiduría conseguirás, más claridad, menos miedo. Más propósito, menos inercia. Más foco, menos distracción. Más control mental, menos reacción emocional. Más gratitud, menos resentimiento. Más poder sobre lo que puedes cambiar, menos ansiedad sobre lo que no puedes controlar. Más protagonismo, menos victimismo. Más resolución, menos lamentación. ¿Qué opinas?

—Comprendo lo que me explicas, pero me parece fantasía. La verdad no se me ocurre cómo lograrlo.

—No te preocupes, hijo. Te confieso que también era un poco escéptico cuando empecé a conocer esta filosofía, pero hoy está más vigente que nunca. Muchos de los líderes más importantes de nuestro tiempo han declarado abiertamente ser practicantes de esta filosofía. Ya que comentaste el tema de aplicarla en un contexto diferente, eso fue algo que a mí personalmente me impactó mucho, pues, veo que nuestra sociedad ha evolucionado mucho desde el punto de vista tecnológico, pero los seres humanos seguimos manteniendo los mismos patrones de comportamiento desde hace milenios. Y sí, el contexto es completamente diferente, pero nuestras emociones y comportamientos son los mismos. Seguimos siendo guiados por un cerebro perezoso que solo piensa en sobrevivir, huye a lo que considera un peligro y busca ahorrar toda la energía posible. Esto tenía sentido hace varios miles de años, pero ahora no. Lo que hace la filosofía estoica es reentrenarnos para que de forma consciente nos comportemos de acuerdo a nuestra realidad.

—Creo que me perdí en tu explicación, pero tengo mucha curiosidad.

—Es un excelente principio. La curiosidad, desde mi punto de vista, es una de las mayores cualidades que debemos tener como seres humanos. Pero, vamos al punto, te contaré brevemente de dónde surge y cómo se desarrolló el estoicismo y luego te enseñaré algunas de sus herramientas más importantes. Podrás usarlas para sobrellevar este difícil momento.

—Perfecto, abuelo. Te agradezco mucho.

—Esta filosofía nació en la época del imperio griego, en la actual Chipre. Su creador fue Zenón. Él se reunía con sus seguidores debajo de la Stoa Pecile, el Pórtico pintado, razón por la cual fueron llamados estoicos. Sus máximos representantes fueron: Zenón, su creador; Epicteto, un esclavo que logró la emancipación y se convirtió en un gran filósofo, lo que en nuestro tiempo sería como nacer en la miseria absoluta y convertirte en un gran científico; Séneca, senador y consejero del emperador, una persona bastante culta y con gran formación, lo que en nuestro tiempo sería como un billonario. Y Marco Aurelio, emperador romano, el cargo más prestigioso del mundo en su época, equivalente al presidente de Estados Unidos o de alguna de las naciones más poderosas.

—Realmente había mucha diversidad entre sus máximos exponentes.

—Así es, hijo. Cada uno de ellos vivió condiciones y situaciones aún más duras que las que tú enfrentas hoy. Epicteto, la esclavitud, el no poder ser dueño de su propia vida. Séneca, el exilio, ser humillado y abandonado sin tener derecho a nada, perderlo todo de un día para el otro. Y cuando te digo todo, es todo. Marco Aurelio enfrentó guerras como comandante, perdió varios hijos y tenía que tomar decisiones muy complejas cada día.

—Sí, era difícil, pero también otros tiempos, abuelo.

—Exactamente, pero gracias a las prácticas del estoicismo, no solo lograron soportar dolorosos momentos, sino que ayudaron en el camino a cientos de personas a hacerlo con sus propias vidas.

—Y, ¿cuáles son esas prácticas?

—Primero quiero contarte la esencia de esta filosofía. Al igual que ahora, las preguntas con las que surgió el estoicismo fueron: «¿cómo vivir una buena vida?», «¿cómo tener una vida que valga la pena ser vivida?». La respuesta a esta pregunta la formularon en una tríada, tres elementos que, unidos, permitieron a los estoicos tener esa vida que vale la pena. Recuerda estas palabras, que vale la pena. O sea que tiene sentido y razón sentir pena en algún momento, y lo vale. Los tres elementos son: **felicidad** «eudemonía», **tranquilidad** «ataraxia» y **virtud** «areté». Los estoicos usaban esta filosofía como guía para alcanzar la eudemonía o su realización personal, y a esta la basaban en la tranquilidad y la virtud.

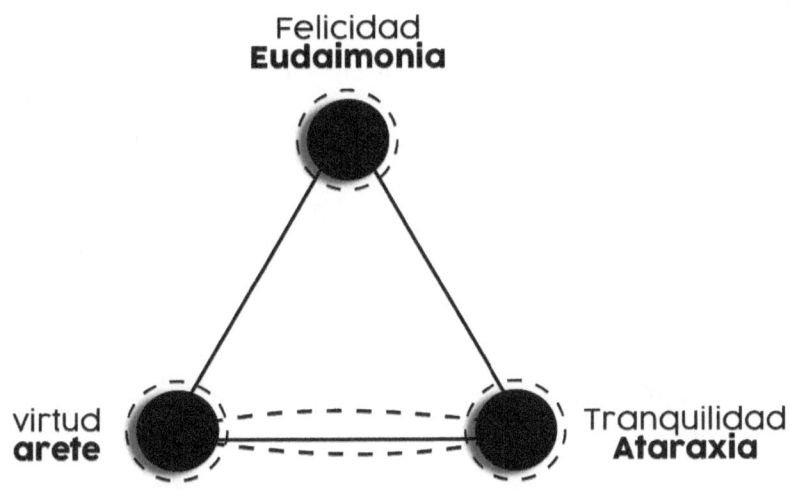

»Te voy a explicar estos elementos, en qué consisten y cómo lo ven los estoicos, incluso los estoicos de nuestro tiempo.

—Me gustó mucho ese concepto de eudemonía, la felicidad basada en virtud y tranquilidad.

—Así es, hijo. Séneca decía: «El sabio nunca carecerá de alegría, pues ella nacerá de sus propias virtudes». Los estoicos consideraban que la virtud es una condición necesaria y suficiente para lograr la eudemonía. Para referirse a la virtud empleaban el término «areté», que se traduce también como excelencia, el conjunto de acciones para alcanzar el máximo potencial.

»Así como los monjes en el Himalaya o los Samuráis en Japón, los estoicos tenían sus virtudes, las cuales consideraban suficientes e innegociables para regular su comportamiento. Las cuatro virtudes del estoicismo son:

Sabiduría: Marco Aurelio sostenía que «todo lo que escuchamos es una opinión, no un hecho. Todo lo que vemos es una perspectiva, no la verdad». La sabiduría, para los estoicos, es la capacidad de observar la vida de manera objetiva y racional. En un mundo complejo y confuso, la claridad nos da poder.

Justicia: Séneca decía que «es agradable ser importante, pero es más importante ser agradable». Al decidir cómo actuar, debemos considerar el impacto en la sociedad. No dejes que tus emociones guíen la toma de tus decisiones. Ayudar es una obligación moral, no un medio para un fin.

Coraje: Es la capacidad de actuar con virtud sin importar las consecuencias. Coraje no es la ausencia del miedo, sino actuar a pesar de él. Séneca también decía, «admira a quien lo intenta, aunque fracase».

Disciplina: El camino hacia nuestra mejor versión, está lleno de obstáculos. La disciplina te hará sacar lo mejor de ti. Recuerda, los obstáculos no son parte del camino, ellos son el camino. Respecto a esto, el elocuente Séneca llegó al siguiente pensamiento: «Ninguna propensión humana es tan poderosa que no pueda ser vencida con la disciplina».

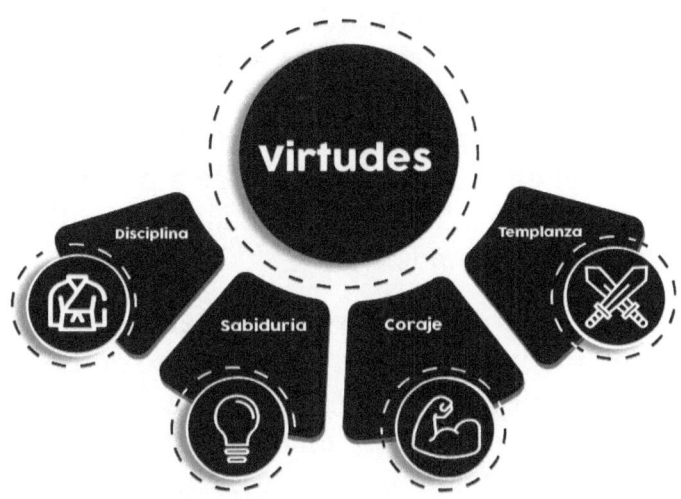

»Para los estoicos, actuar con virtud es su propia recompensa. Pero también, hacer lo correcto generalmente conlleva a lograr los resultados que deseamos. Desarrollar las virtudes estoicas es el camino para alcanzar la excelencia en el liderazgo y en la vida. Si te esfuerzas por adquirir conocimiento (sabiduría), tratas bien a los demás (justicia), actúas a pesar del miedo (coraje) y superas los obstáculos y las tentaciones (disciplina), seguramente te irá muy bien en la vida.

—Bueno abuelo, eso suena bien, pero en la realidad es muy difícil comportarse siempre así.

—Es cierto hijo, los estoicos lo sabían, por eso tenían muy presentes estas virtudes todo el tiempo, las usaban como recordatorio de la persona que querían ser. Pero, más importante, tenían una serie de prácticas a través de las cuales podían llevarlas a la realidad.

—¡Cuéntame! Todas las prácticas que me has enseñado han resultado muy útiles.

—Antes es importante entender el concepto de tranquilidad o ataraxia. Marco Aurelio decía que, «cuanto más cerca esté un hombre de una mente calmada, más cerca estará de su fuerza». El objetivo de la vida no es eliminar nuestros problemas, sino actuar correctamente y mantener la paz a pesar de ellos. Por otro lado, una mente ansiosa o agitada, tendrá dificultad para actuar de manera razonada.

»La primera práctica que te voy a enseñar, desde mi punto de vista, es la piedra angular del estoicismo, *la dicotomía del control*. También decía Marco Aurelio, «tú tienes poder sobre tu mente, no sobre los acontecimientos. Date cuenta de esto y encontrarás tu fuerza». Esta práctica es muy simple de entender. En cada situación o circunstancia que enfrentes siempre van a haber cosas que estén bajo tu control y cosas que no lo estén. Por ejemplo, las dos situaciones que estás enfrentando, la salud de la niña y el cambio en la legislación que afectó tu producto. En un primer vistazo, están fuera de tu control, no las generaste, no eres el culpable de ninguna de las dos. Como te lo decía cuando te expliqué lo que aprendí en mi viaje a India, «el destino lanza las cartas, pero eres tú quien decide cómo las juega».

—Pero, ¿qué puedo hacer? Los médicos nos piden más y más exámenes y que esperemos los resultados, y en cuanto al nuevo producto, no tengo ninguna inferencia sobre la legislación.

—Esa es la pregunta correcta, para los estoicos es justo eso lo que te debes preguntar, qué puedes hacer tú en esta situación, que te permita actuar acorde a las virtudes y saber que hiciste todo lo que estaba en tus manos. Esta es la parte menos glamurosa, cuando quieres aprender esta filosofía, debes entender que solo puedes influir sobre tus acciones, sobre aquello que tú haces y cómo actúas. Debes buscar paz sabiendo que lo haces siempre acorde a la virtud, pero esto no te garantiza un resultado exitoso. Siempre puede pasar que el resultado no se dé, pero ojo, si haces todo lo que está en tus manos logras dos cosas, la primera, es que estarás en paz porque diste lo mejor de ti. La segunda, es que al hacerlo aumentas significativamente la probabilidad de alcanzar el resultado que esperas.

—Entiendo lo que dices, pero es difícil de asimilarlo.

—Lo sé hijo, sé que el estoicismo es una filosofía muy fácil de entender, pero compleja de aplicar. Recuerda lo que te decía, es como instalar un nuevo sistema operativo, eso implica que veas las cosas de una forma diferente, de manera mucho más racional y menos emocional. Con esto no quiero decir que las emociones sean malas, solo que, al verlas de una manera objetiva te dará la paz y tranquilidad para decidir sin que te sientas agobiado o ansioso. Recuerda, tendrás poder sobre lo que puedes cambiar y aceptación sobre lo que no puedes transformar. Intenta mantener esta práctica en mente hasta que de modo inconsciente sea la manera en la que ejecutas tus acciones diarias.

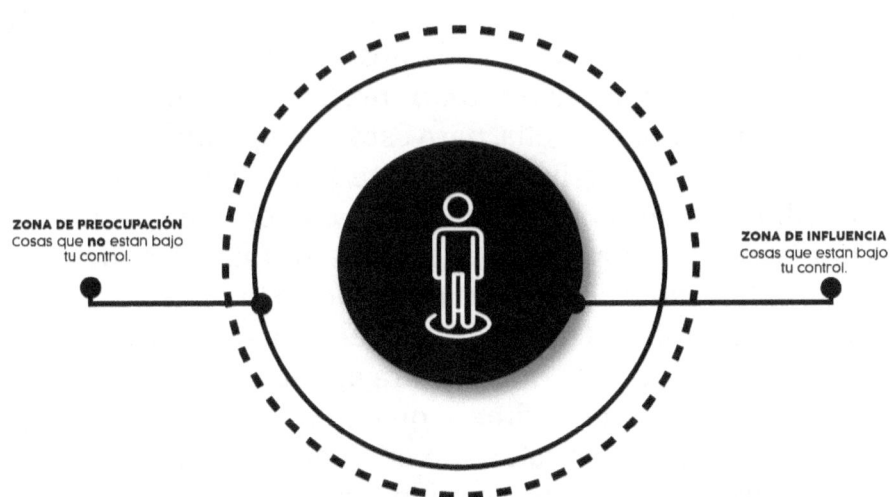

»La segunda técnica que quiero enseñarte es *lo bueno, lo malo y lo indiferente*. Se basa en un concepto alucinante, cuando lo aprendí, cambió radicalmente la forma en la que veía el mundo. Para los estoicos, solo las cosas que dependen de nosotros las podemos llamar buenas o malas, siguiendo esta lógica, lo bueno es actuar acorde a la virtud y lo malo es lo contrario. Al considerar como bueno o malo únicamente lo que depende de nosotros, podemos dedicar nuestra energía y atención a aquello que podemos tener bajo control y liberarnos de aquello que cargamos y que no está bajo nuestro dominio, evitando el desperdicio de tiempo y energía.

—No sé si lo comprendo bien, abuelo. ¿Quieres decir que lo bueno es actuar con sabiduría, justicia, coraje y disciplina y lo malo es actuar en contra de estas virtudes? Entonces, lo que me pasa, la salud de la niña o la legislación que está afectando nuestro producto, ¿acaso esto no es malo?

—Es una excelente observación. Desde el punto de vista estoico, las cosas que nombras no son buenas ni malas, ellos las llaman indiferentes. Te explico de qué va este concepto. Veamos por ejemplo la salud, al verla como un indiferente decimos que no debemos comportarnos de una forma diferente si la tenemos o carecemos de ella. Podemos ver como un indiferente preferido tener buena salud. Todos preferimos contar con buena salud, que carecer de ella, pero esto no depende enteramente de ti, puedes tener hábitos que te permitan aumentar las probabilidades de tener buena salud, comer adecuadamente, hacer ejercicio de manera cotidiana; pero, aun así, podrías sufrir una enfermedad, esto a pesar de que no lo prefieres, lo cual no debería cambiar tu modo de ser, debes mantenerte siguiendo tus virtudes. De la misma manera puedes ver la riqueza o la pobreza, preferirás tener dinero que no tenerlo, pero lo tengas o te falte, debes seguir actuando en coherencia con tus virtudes, siempre concentrándote en lo que puedes hacer en cada momento para mejorar la situación. Entre más pronto aceptes lo que te pasa, rápidamente lo superaras. Te recuerdo, la vida no tiene obstáculos, el obstáculo es el camino.

—Abuelo, es muy fácil decirlo, pero ahora que tengo todo encima, veo casi imposible lograrlo, y no puedo solo resignarme y ya.

—Ten cuidado, Andrés, resignación no es lo mismo que aceptación. La resignación tiene que ver con rendición y no es lo que te pido que hagas. La aceptación tiene que ver con darte cuenta de que las cosas son como son, lo quieras o no, y lo que debes hacer es concentrarte en lo que está bajo tu control para buscar mejorar tu condición. Insisto, siempre siguiendo tus virtudes. Nunca debes traicionar lo que eres.

—Me queda claro el concepto, abuelo, pero entiéndeme, no lo veo fácil.

—Y no tiene por qué serlo, ¿crees que eres el primero que pasa por una situación como esta? Pues, no lo eres, ni serás el último. Muchas personas viven situaciones desagradables o que preferirían evitar, y muchas de ellas, cuando las ven en retrospectiva, se dan cuenta de que eso que en su momento lo vieron como una maldición ha sido un gran regalo. El dolor es inevitable, pero el sufrimiento es opcional. La clave está en la aceptación y la acción. Lo mejor que puedes hacer es concentrarte en lo que puedes cambiar y aceptar lo que no puedes influir, y para ello debes reprogramarte, es parte del nuevo sistema operativo que estás instalando.

—¿Hay alguna práctica o herramienta que me pueda ayudar a lograrlo?

—Realmente hay varias. Iniciaré por un concepto importante, la *Adaptación Hedónica*. Este concepto se refiere a la capacidad de las personas a adaptarse a casi cualquier cosa, sea que nos guste o que no. Un ejemplo simple es cuando compras un coche nuevo, a los pocos meses será el coche de siempre y posiblemente ya quieras otro, puede pasarte con tu casa, celular o con cosas menos tangibles, como tu canción favorita. Si la escucharas cuarenta veces seguidas, por más que la ames, seguramente querrás dejarla de oír. Esta adaptación provoca que cada vez necesitemos más para lograr la misma satisfacción, con el tiempo nada será suficiente. Para romperla debes hacer cambios en tu forma de actuar. Debes buscar la satisfacción a largo plazo, no ser cortoplacista como la mayoría de las personas. Generalmente, los placeres y tentaciones inmediatas traen desdicha en el largo plazo y las cosas que no son tan satisfactorias en el corto plazo, generalmente hacen bien al largo plazo.

—Visto de esa manera tiene mucho sentido. Cuando inicié con el hábito de comer saludable y hacer ejercicio, no era tan satisfactorio como mantenerme en la cama caliente durmiendo o comiendo el helado y mi hamburguesa favorita. Pero mi estado físico cambió bastante, siento más energía ahora, me veo más joven y gozo de buena salud. Y lo mejor, cuando como mi hamburguesa favorita la disfruto el triple.

—No pudiste explicarlo mejor. Ahora, para seguir avanzando en el cambio a tu nuevo sistema operativo, debemos abordar un tema crucial, las emociones. Lo primero que quiero que entiendas en este apartado es que las emociones no surgen de forma automática, realmente siguen un proceso muy simple. Hay un estímulo, por ejemplo, que alguien te hable de una manera en particular, luego viene una interpretación, tú sientes que el tono de la persona fue ofensivo y después viene la respuesta que es la emoción. En este caso te puede generar ira.

FILTRO

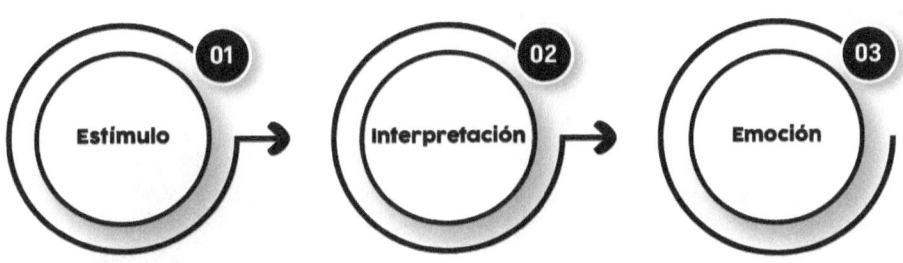

—Siempre pensé que las emociones se generan en automático. Con lo que me dices veo que lo que me molesta no es lo que la persona dice ni cómo lo dice, sino la interpretación que yo hago de manera inconsciente sobre la intención que esta persona tenía, o si el tono en la que lo dice me hace pensar que rompió algún límite que yo tengo.

—Ese es el primer paso para entender las emociones. Si haces una pausa y evitas que, de forma inconsciente, se hagan las interpretaciones y buscas hacerlas más racionales o incluso indagas sobre la intención que tenía la persona, ya estarás un paso adelante que la mayoría.

»Pero el tema de las emociones no termina ahí. Una vez que surge la emoción podemos simplemente reaccionar o podemos agregar un filtro entre la emoción y la acción. Recuerda que todas las emociones son energía y por ende te invitan a actuar. Todas las emociones están diseñadas para darte información sobre las cosas que tú más valoras. El miedo te dice que enfrentas un posible riesgo. La ansiedad es producto de anticipar el futuro. La felicidad se siente cuando has conseguido algo que querías. La tristeza, cuando has perdido algo importante. Cada emoción tiene información, por eso no hay emociones buenas o malas, las emociones son neutras, lo bueno o lo malo, recuerda, es cómo te comportes al sentirlas. Así que, para que sigas perfeccionando tu modo de ser estoico, te enseñaré cómo agregar filtros entre la emoción y la acción.

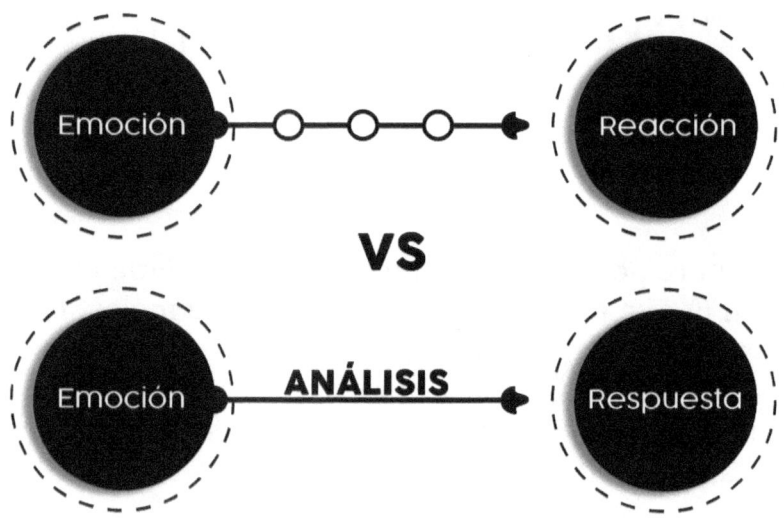

—Suena algo muy complejo, abuelo. Aunque, esta visión de las emociones me resulta bastante interesante.

—No es tan complejo como piensas, es solo agregar sentido común y consciencia a tu vida. Esto tampoco es que sea lo más fácil, pero con la práctica que te enseñaré espero que se te haga más llevadero. El concepto que quiero que aprendas se llama *distanciamiento cognitivo*. Es una cualidad que tenemos los seres humanos para vernos a nosotros mismos como si fuéramos alguien más. El primer paso que debes desarrollar es ser consciente de la emoción. Los estoicos llaman a esta consciencia o estar presente en cada momento como, *Prosoche*, la consciencia plena estoica. Debes trabajar en estar presente, esto es algo fundamental para poderte comportar como un estoico. Entonces, una vez que identifiques la emoción y seas consciente de ella, la debes analizar con distanciamiento cognitivo, debes ver la situación como si no fueras tú quien la está viviendo y trata de aconsejarte desde una perspectiva racional y lo más objetiva posible. Luego de esto, ahora sí puedes ejecutar tus acciones. Siempre pensando en actuar acorde a tus virtudes.

—Lo voy a intentar, abuelo. No suena algo sencillo, pera tampoco lo fueron las prácticas que me has enseñado de todas las culturas y ahora casi todas son parte de mi ADN.

—Una práctica eficaz que te voy a compartir se llama, *la mirada del amor*. Es algo realmente muy simple y poderoso, únicamente debes tener en mente a la persona que más amas siempre que debas reaccionar o tomar una decisión. Imagina que esta persona que acabas de elegir te está observando. Esto te ayudará no solo al momento de tomar acción sobre tus emociones, lo puedes usar para cada momento que debas tomar decisiones o incluso cuando tengas conversaciones contigo mismo. Pasamos mucho tiempo sosteniendo autodiálogos, busca que sean realmente productivos.

»Podríamos ver las emociones en detalle, pero con lo que te acabo de enseñar, sé que ya las podrás navegar. El siguiente elemento que te quiero enseñar, tiene que ver con aceptar la incertidumbre, decía Epicteto, «adquiere el hábito de cuestionar cada percepción y preguntarte si es algo que está bajo tu control. Si no lo está, responde simplemente que no te va a preocupar». Recuerda, hijo, que siempre habrá cosas que estén fuera de tu control, y solamente lograrás tranquilidad al abrazar la incertidumbre, la necesidad de control es una de las mayores causas de ansiedad. Debes convivir con la incertidumbre y aprender a tomar decisiones razonablemente buenas con información imperfecta. Transforma el miedo en curiosidad, interpreta acciones como experimentos. No olvides, traer tu atención al presente y a lo que realmente puedes modificar.

—Gracias abuelo, son consejos muy sabios. Esto de la filosofía estoica me está empezando a agradar.

—Me alegra escucharlo, hijo. Aún hay dos elementos importantes que te quiero enseñar de esta valiosa filosofía. Cómo actuar con determinación y cómo resistir con disciplina.

»Para actuar con determinación, lo primero que debes tener en mente es cómo manejas tu tiempo. Recuerda las prácticas que te enseñé cuando hablamos de India. Cuida mucho de tu tiempo. Dado que no sabemos cuánto tiempo tenemos nosotros y nuestros seres amados en este mundo debemos ser muy cuidadosos con él, no lo desperdicies en banalidades. Dale el mejor uso que puedas, piensa siempre, qué haría hoy si fuese el último día de mi vida. Ese es el principio de la siguiente práctica que quiero enseñarte, se denomina, *Memento Mori*. Es muy simple, solo debes recordar que estamos en este mundo de paso, el único requisito para la muerte, es estar vivos. Imagina que hoy fuese tu último día: «¿Cómo te gustaría vivirlo?», «¿qué conversaciones tendrías?», «¿cuál sería tu legado?», «¿cómo serás recordado?»

—Abuelo, no me gusta hablar de la muerte, aunque sé que es algo natural. Me asusta pensar que alguno de los que amo mueran.

—Lo sé hijo, es natural, pero esta práctica no es para que te concentres en la muerte, sino todo lo contrario, nos invita a disfrutar de la vida. No sabemos cuánto vamos a vivir y recordar que vamos a morir nos llevará a actuar de una forma más inteligente. Todos sabemos que vamos a morir, pero a veces actuamos como si fuéramos a vivir 500 años. Solo recuerda que no somos eternos y disfruta de cada persona y momento al máximo.

—Haré mi mejor esfuerzo por lograrlo, abuelo.

—Lo siguiente que debes aprender tiene que ver con tu atención. Epicteto señalaba que «te conviertes en eso a lo que le prestas atención. Si no eliges tus pensamientos, otros los elegirán por ti». El mismo Epicteto le preguntaba a sus discípulos: «¿qué cosa haces mejor cuando no le prestas atención?». Tu atención es algo muy valioso, razón por la cual, las compañías de estos tiempos invierten mucho de su dinero en estrategias para captarla. Selecciona cuidadosamente en qué vas a invertir tu energía y luego dirígete como un misil hacia ello. Prioriza de forma efectiva para garantizar que usas adecuadamente tu tiempo y desarrollas las actividades de mayor impacto. Justo ahora que te encuentras en medio de dos temas muy complejos, esto te ayudará a mejorar la probabilidad de que todo te salga bien.

—Debo confesar que estos últimos días me he sentido frustrado y ansioso. Lo que hoy me explicas me saca un poco de esa sensación de impotencia. Siento que a través de estas prácticas voy a poder hacer lo mejor de mí para lograr superar estos obstáculos, que hasta ayer me parecían imposibles. Ahora, los veo como parte del camino.

—Ese es el objetivo de esta filosofía, hijo. Solo quiero darte un par de consejos más para poder lograr actuar con determinación. El primero es reducir tus estándares. Para hacer cualquier cosa bien debes tener la humildad de poder fallar, créeme, lo vas a hacer. Recuerda que, *perfecto es enemigo de hecho*, no esperes el momento perfecto. Como dice el famoso adagio, «el mejor momento para sembrar un árbol fue hace cuarenta años, pero el segundo mejor momento, es justo ahora». El segundo consejo es simple, sé un profesional. Haz lo que debes hacer, aun cuando no quieras hacerlo. La motivación es una emoción, un sentimiento, puede ir o venir. Si decides que vas a hacer algo, simplemente hazlo.

—Gracias, abuelo, los voy a llevar en mi mente.

—Otra práctica estoica que te quiero enseñar se llama, *premeditatio malorum*. Desde mi perspectiva es bastante útil cuando enfrentas desafíos. Tú, justo ahora tienes dos, de proporciones gigantescas, así que te será muy útil. Piensa en tu desafío, un objetivo o algo que quieras lograr. Después visualiza el peor escenario posible, qué es lo peor que podría pasar respecto a tu desafío. Una vez que lo tengas en mente debes diseñar acciones que eviten ese escenario se dé. Imagina cada paso del proceso hasta que llegue a ese escenario negativo, y mitígalos uno a uno. Por último, reflexiona sobre qué te podría dejar en paz si, aun haciendo estos pasos, ese escenario se materializa y conviértelo en tu cláusula de reserva.

»Te he contado bastante. La última parte de lo que te quiero enseñar se trata de cómo mantener todo lo que has aprendido, resistir con disciplina. Lo primero que debes aprender a hacer es perdonar tus errores. Por naturaleza tendemos a ser nuestros más fuertes críticos, todos hemos fallado y fallaremos, lo importante es aprender de cada momento cuando los resultados no fueron los esperados y reconocer que el error es parte esencial del camino. Lo siguiente es superar la adversidad, esto ya te lo comenté, pero es relevante que aceptes lo ocurrido. Evita caer en espirales de negatividad que surgen cuando las cosas no van bien. Entre más pronto aceptes lo que pasó y hagas los respectivos duelos, más rápido te levantarás y serás útil para ti, para los tuyos y para la sociedad. También puedes cambiar de perspectiva, recuerda, no son las cosas las que te afectan, sino tu interpretación de ellas, mira todo con ojos de guerrero, todo es un desafío.

»Ahora es cuando debes recordar tus capacidades, no has llegado tan lejos gratis, tienes aptitudes y actitudes que te hacen ser la persona que eres, no lo olvides. También debes dar la vuelta a los problemas, ya sabes, no escogemos las cartas que nos tocan, pero sí cómo las jugamos. Todas las situaciones tienen una parte positiva, concéntrate en ello y saca valor de todo. Y, por último, no olvides que saldrás fortalecido, cada vez que enfrentamos una batalla, nos hacemos más fuertes. Los samuráis nunca huían de sus batallas, luchaban con honor porque sabían que eso los fortalecería.

»Si sientes que la situación te supera, no temas pedir ayuda. Todos los grandes deportistas, artistas y mejores empresarios tienen *coaches* y mentores. No importa lo bueno que seas, siempre debes contar con alguien que te lo recuerde junto a ti.

—En estos momentos de tanta tensión siento que me es bastante útil hablar contigo. Lo que hoy me enseñaste es invaluable para mí. Te prometo que lo pondré en práctica, siento que esto es algo que todo el mundo debería saber y ahora me siento un poco responsable de empezar a enseñarlo.

»Abuelo, ¿tienes algún consejo para poder potenciar mis habilidades para ayudar a otros?

—Sí hijo, el *coaching* es un buen camino, si lo unes con tu experiencia podrás aportar como mentor, *coach* y por qué no, también como conferencista. En tu caso te recomiendo que explores el *coaching* ejecutivo, es muy útil y práctico. Muchas de las grandes industrias de la llamada, era digital, lo enseñan a sus más altos ejecutivos. Explora por Silicon Valley, seguro allí encontrarás respuestas.

—Gracias, abuelo.

—Sinceramente, espero que la niña se recupere, mantenme informado de cómo avanza la situación o si necesitas algún tipo de ayuda. Ojalá encuentres las respuestas a cada uno de tus desafíos, tienes grandes retos por delante.

—Así será, abuelo.

Eran ya casi las dos de la madrugada, la noche en Tokio se hacía más fría, pero la historia que Andrés me contaba capturaba toda mi atención. Íbamos por la segunda botella de vino y pedimos al mesero que nos trajera algo de sushi.

—Andrés, discúlpame lo indiscreto, pero, ¿qué pasó con tu hija y con el nuevo lanzamiento? —le pregunté.

—Aunque los médicos estaban perplejos en un principio, decidí obedecer el consejo de mi abuelo y tomé las decisiones con calma. Dejamos de consultar a un especialista tras otro y resolví poner mi confianza en un médico con experiencia en diagnósticos infantiles difíciles. Después de muchos estudios se detectó una extraña bacteria que estaba afectando el sistema nervioso de la niña. Una vez que se pudo identificar la causa lo solucionaron en poco tiempo.

»En cuanto al lanzamiento, tuvimos que cancelarlo. Pero, tal como mi abuelo me enseñó, detrás de cada problema se esconde una oportunidad. Resulta que esa nueva legislación no solo nos afectaba a nosotros, también a nuestros competidores, pero nosotros teníamos la ventaja del rápido aprendizaje. Así que logramos reponernos y crear un producto nuevo, mejorado y novedoso que se ajustaba a las nuevas reglas. Muchos de nuestros competidores no lograron sobrevivir a este impacto.

—Y ¿qué hiciste después?

—Tal como me sugirió mi abuelo, viajé a Estados Unidos para aprender sobre coaching ejecutivo y las prácticas poderosas de los grandes personajes de la industria digital. Ahora era yo quien quería enseñarle algo nuevo a mi abuelo.

Herramientas y prácticas de Grecia, filosofía Estoica

- Tríada de la filosofía estoica
    - **Felicidad** «eudemonía»
    - **Tranquilidad** «ataraxia»
    - **Virtud** «areté»

- Virtudes estoicas
    - **Sabiduría**. Capacidad de observar la vida de manera objetiva y racional. En un mundo complejo y confuso, la claridad nos da poder.
    - **Justicia**. Ayudar es una obligación moral, no un medio para un fin.
    - **Coraje**. Actuar con virtud sin importar las consecuencias. Coraje no es la ausencia del miedo, sino actuar a pesar de él.
    - **Disciplina**. Los obstáculos no son parte del camino, ellos son el camino.

- **Prácticas**

    - **Dicotomía del control.** En cada situación o circunstancia que enfrentes siempre van a haber cosas que estén bajo tu control y cosas que no lo estén. Concéntrate en lo que está bajo tu control y acepta lo que no.

    - **Lo bueno, lo malo y lo indiferente.** Lo bueno es actuar en coherencia con las virtudes, lo malo es actuar en contra de ellas. Lo bueno y lo malo está bajo tu control, lo demás es indiferente.

    - **Adaptación Hedónica.** Tendemos a adaptarnos a casi cualquier cosa, así que cada vez necesitamos más para lograr la misma satisfacción. Para romperla debes hacer cambios en tu forma de actuar, debes buscar la satisfacción a largo plazo, no ser cortoplacista.

    - **Distanciamiento cognitivo.** Es una cualidad que tenemos los seres humanos para vernos a nosotros mismos como si fuéramos una tercera persona. Úsala como filtro para tus emociones.

    - **Mirada del amor.** Debes tener en mente la persona que más amas y, siempre que debas reaccionar o tomar una decisión, actúa como si esta persona te estuviera mirando.

    - **Memento Mori.** Reflexiona «si hoy fuera tu último día», y hazte estas preguntas: ¿Cómo te gustaría vivirlo?, ¿qué conversaciones tendrías?, ¿cuál es tu legado?, y ¿cómo vas a ser recordado?

    - **Premeditatio Malorum.** Para cada objetivo visualiza el peor escenario posible. Una vez lo tengas debes diseñar acciones que eviten ese escenario, imagina cada paso del proceso hasta que llegue a ese escenario negativo, y mitígalos uno a uno.

- **Cláusula de Reserva.** En una situación o decisión que debas tomar, piensa en cuál es el peor escenario posible. ¿Qué es lo peor que podría pasar? Piensa la respuesta y crea tu plan B, por si esa situación se da.
- **Resistir con disciplina.**
  - Perdona tus errores.
  - Supera la adversidad.
  - Cambia de perspectiva
  - Recuerda tus capacidades.
  - Da la vuelta a los problemas.
  - Saldrás fortalecido de cada desafío.
  - Pide ayuda.

Factor confianza   7

Las enseñanzas de Estados Unidos.
Prácticas del liderazgo digital.

«Solo como un guerrero, uno puede soportar el camino del conocimiento. Un guerrero no puede quejarse o lamentarse de nada. Su vida es un desafío interminable y no hay modo de que los desafíos sean buenos o malos. Los desafíos son simplemente desafíos. La diferencia fundamental entre el hombre común y un guerrero, es que para el guerrero todas las circunstancias son un desafío, mientras que, para el hombre común, son una bendición o una maldición»

-Don Juan, Chaman Tolteca

—Hola, abuelo.

—Hola, hijo, ¿qué tal estuvo tu viaje?

—Increíble, aprendí muchas cosas útiles e interesantes.

—Excelente. Cuéntame todo lo que aprendiste.

—Silicon Valley es un lugar increíble, se respira innovación en cada rincón. Desde las *Startups* hasta las grandes industrias digitales. Pude entrar en la escuela del *Conscious Business Center* (CBC), donde aprendí cosas asombrosas del modelo de *coaching* ejecutivo de Fred Kofman. Vi un mundo asombroso, lejos de lo que podía imaginar. El tiempo allí fue muy valioso. Existe una presión por hacer las cosas bien y rápido, en ello, el modelo de comunicación y liderazgo es fundamental.

—Durante el transcurso de mi vida el mundo cambió varias veces. La automatización, la informática, el internet, los celulares, y ahora, la inteligencia artificial, las computadoras cuánticas, todo eso. Lo que noto de esos cambios, es que cada vez son más frecuentes, van más rápido y vinculan a más personas.

—La velocidad del cambio, el nivel de incertidumbre y la complejidad son de otro mundo por allá. Literalmente cambiaron la percepción que yo tenía. Vi un mundo muy frágil, de mucha ansiedad, donde la relación causa-efecto cada vez es menor y eso genera que muchas veces exista tanta complejidad que parezca casi incomprensible. Vivir en medio de este entorno involucró que se desarrollaran prácticas muy eficaces, la primera, y que a mi modo de ver ayuda en la orquestación de casi todo, son los OKR.

—He escuchado ese término en algunas revistas últimamente.

—Claro, desde mi punto de vista son vitales, abuelo. Los OKR significan, *Objective and Key Results*, y ayudan con la gestión de las compañías en estos contextos tan difíciles y complejos. Fueron desarrollados por Andy Grove, el CEO de Intel en los años setenta, pero se popularizaron hasta hace muy poco gracias a que Google los utiliza como su método para alinear la estrategia con la ejecución de forma magistral. Incluso, después de conocerlos, me atrevo a decir que gran parte del éxito de Google se lo debe a su gestión con OKR. Gracias a ellos no solo se consigue una mayor alineación estratégica, también se logra que todos en la organización sepan qué es lo más relevante. De este modo se consigue trabajar de una manera más inteligente. En el momento que noté esto mi cabeza dio sentido a esta famosa frase de Andy Grove, «hay demasiada gente que trabaja demasiado para conseguir muy poco».

—Me alegra ver lo apasionado que llegaste de tu viaje. Eso me encanta, hijo, pero cuéntame, ¿cómo es que los OKR logran tantos resultados?

—Bueno, abuelo, es fácil de comprender, pero un poco más difícil de aplicar. Los OKR trabajan con el sentido común, aunque sabemos que este no es tan común en las organizaciones. Lo primero es definir tu objetivo, debe ser muy retador y alcanzable, debe ser significativo, inspirador, concreto y orientado a la acción. Estos objetivos deben dotar a los equipos y a las personas de propósito. Un buen objetivo da significado al trabajo que se realiza, ayuda a responder la pregunta para qué. Adicionalmente, tener un objetivo bien estructurado le dice a todos en la compañía qué es lo más importante, ayudando con la generación de foco, confianza y compromiso. Los objetivos deben tener plazo, lo ideal, es que no sea mayor a tres meses, no obstante, hay ejemplos de compañías que tienen objetivos de un año o más. Por su lado, los resultados clave deben ser específicos, agresivos pero realistas, verificables y medibles. La consecución de los *Key Results*, deben dar respuesta al objetivo. Lo que quiero decir es que los resultados clave sumados son todo lo que se necesita para lograr un objetivo.

—Qué interesante, hijo. Y, desde tu experiencia, ¿qué es lo más difícil de trabajar con OKR?

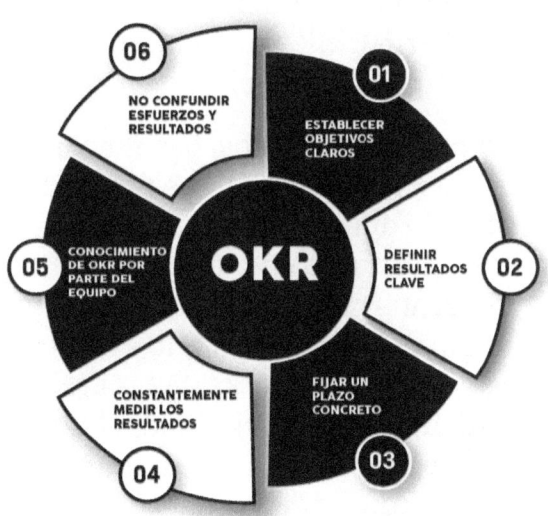

—Realmente, lo más complicado es lograr que las áreas se focalicen en los OKR a consciencia y poder romper los silos organizacionales. La mejor forma de conseguirlo es cuando se crean los OKR, se van desarrollando en cascada desde el nivel ejecutivo de la compañía a través de las diferentes áreas, tomando todas las iniciativas que se estén desarrollando. De esta manera se genera una cultura diferente, enfocada en los resultados y en hacer lo que realmente es importante para la visión de la compañía. Noté que el tema más complejo se daba justo después de la definición, en la ejecución. Aprendí una serie de herramientas y prácticas para poder mejorar lo más elemental y crucial dentro de las compañías, la comunicación, una que no solamente transmita de manera asertiva el mensaje, sino que también ayude a generar un factor confianza que fortalezca las relaciones.

—Quiero que me sigas contando sobre esos elementos para generar confianza. Pero primero, acompáñame a la cocina, tengo antojo de un café. ¿Deseas uno?

—Bueno, abuelo, gracias. Vamos, te sigo contando —los dos se levantaron de sus cómodos sillones y se dirigieron a una amplia cocina con isla al centro, sacaron varios artículos y artefactos de las estanterías bajas, mientras el hombre mayor montaba toda la parafernalia cafetera, Andrés continuó—. Ya teniendo claro el rumbo y el camino, lo que se logra gracias a los OKR, hay cinco elementos que se deben trabajar. El primero es la responsabilidad, luego la humildad, el tercer elemento es la comunicación y dentro de ella es fundamental aprender a escuchar, seguido de aprender a indagar y expresar. El cuarto es generar coordinación, cómo hacer pedidos y compromisos. Y, por último, cómo tener conversaciones *one on one* para la mejora del proceso y las relaciones.

—Tiene mucho sentido, en mis años como empresario evidencié que las pérdidas más grandes y los mayores fracasos se daban por no saber gestionar de forma eficiente las conversaciones desde el nivel ejecutivo al operativo. Veía con desilusión que muchos ejecutivos tenían un pésimo manejo de estos elementos, que parecen obvios, pero hilando fino, son mucho más complicados de lo que parece.

—La verdad, las prácticas que aprendí en Estados Unidos son muy simples. El tema es que, aun conociéndolas, para mucha gente es realmente complicado aplicarlas. A mí personalmente me sirvió mucho ser un practicante del estoicismo, el poder tener un mayor control sobre mí y practicar a diario el *Prosoche*, me ayudó a generar el nivel de consciencia que necesitaba para poner en práctica las habilidades que adquirí allí.

—Cuéntame de qué se trata, por favor.

—Claro, abuelo, lo primero es el concepto de responsabilidad, que viene del latín *responsum*, una forma del verbo responder. Por ello se considera la responsabilidad como la habilidad para responder. Cuando hablamos de responsabilidad, tenemos que preguntarnos primero por la habilidad, ya que no podemos ser responsable de hacer algo de lo cual carecemos de la habilidad para responder. Por ejemplo, yo no podría ser responsable de construir una casa, debido a que no tengo la habilidad para hacerlo. Entonces, cuando tengo un desafío y la habilidad para responder ante él, es cuando consigo un resultado. Si quiero mejorar la probabilidad de conseguir un resultado, tengo que mejorar mi capacidad para responder.

—Muy interesante este punto de vista, hijo. Como decías, es muy fácil de entender. ¿Cómo gestionas cuando las personas sienten que les pasan cosas malas y se ponen en un plan de víctima?

—Tal como me enseñaste, uso *la dicotomía del control*. Cada situación tiene dos puntos de vista, el que no podemos influenciar y el punto de vista de lo que está bajo nuestro control e influencia. A la persona que se concentra en lo que puede hacer o influenciar y acepta lo que no, ejecutando las acciones que están bajo su control, la llamaremos líder. Entonces, en cada situación podemos decidir actuar como víctima o como líder.

—Es un excelente complemento para nutrir el pensamiento estoico, hijo. ¡Me gusta!

—Gracias, abuelo. La clave para entender el comportamiento de un líder o de una víctima está en el lenguaje. La víctima siempre se comunica en tercera persona, expresando con palabras que él no ha causado la situación y se ve a sí mismo como alguien inocente, con expresiones como: «No fue mi culpa», «Fulano, no me envió la información», «la economía está a la baja», «la competencia no tiene escrúpulos». En cambio, el líder sabe que muchas cosas que surgen no dependen de él, no las causó y no contribuyó en generarlas, pero si le afectan, toma responsabilidad sobre ellas, siempre pensando en qué puede hacer desde su marco de influencia, como todo un estoico. Lo que aprendí de ello, abuelo, es que el precio de la inocencia es la impotencia, y la mejor forma de hacer que las cosas mejoren es tomando responsabilidad sobre las partes de cada situación en las que podemos generar alguna influencia o control.

—Has avanzado mucho hijo. Me alegra que pueda decirte esa frase tan popular, «el alumno siempre superará al maestro».

—No es para tanto, abuelo. Aunque te confieso que mi paso por Estados Unidos fue extremadamente enriquecedor.

»El segundo concepto que aprendí, es la humildad. Este es fundamental dentro del contexto corporativo. Durante mi carrera he conocido personas que carecen de esta habilidad. Muchos asocian a la humildad con falta de carácter o sumisión. Nada más lejos de la realidad. Las personas humildes son aquellas que, a pesar de que puedan poseer mucha experiencia en un campo determinado, siempre están abiertas a nuevos conceptos o maneras de ver las cosas. Esto les permite ampliar su perspectiva y comprender el mundo de una forma más amplia, ya que no se cierran solo a su experiencia, sino que logran aprovechar la de todas las personas a su alrededor, transformándose en verdaderos líderes.

»Por su parte, lo contrario a la humildad sería la arrogancia. Las personas que muestran una actitud de arrogancia, proclaman saber siempre cómo son las cosas, buscan imponer su punto de vista sobre los demás y pocas veces escuchan, en particular, si son opiniones que no refuerzan sus puntos de vista o creencias. Los arrogantes no lo son por haber estudiado o tener experiencia en un campo en particular, arrogantes son quienes, independientemente de su conocimiento real, buscan imponer su punto de vista por encima de los demás.

—Durante mi vida he conocido muchas personas de los dos modelos. También he visto que no todos son siempre humildes o siempre arrogantes. Me gustaría conocer tu punto de vista respecto a dos puntos. Primero, ¿cómo reconocer cuando alguien está actuando como arrogante?, y dos, ¿cómo transformar la actitud arrogante por una humilde?

—Reconocer que alguien está actuando como arrogante es relativamente fácil. Lo evidencias porque su actitud es cerrada, no recibe comentarios y le cuesta mucho escuchar. Una persona que se comporta de forma arrogante busca que las conversaciones giren en torno a él o ella, siempre quiere ser quien habla y quien da las conclusiones y puntos de vista, descontando cualquier otra que no esté soportando su hipótesis. Por el contrario, la persona humilde es quien realiza más preguntas, busca entender el razonamiento de su contraparte y cómo llegar a las conclusiones. Puede que al final no esté de acuerdo, pero antes de emitir un juicio extrae toda la información y se expresa de manera empática.

»Ahora, para transformar la actitud de arrogancia por una de humildad, lo primero es ser consciente de ello, analizar tu propio comportamiento y darte cuenta de si estás imponiendo tu punto de vista o escuchando el de los otros. Una herramienta genial que aprendí es la *escalera de inferencias*, la creó el profesor Chris Argyris de la *Harvard business school*. La escalera de inferencia nos propone cinco pasos. Primero, ante una situación en particular, seleccionamos los datos que de forma inconsciente son más relevantes para nosotros. Lo segundo es generar suposiciones sobre los hechos que no conocemos. El tercero son nuestras conclusiones. El cuarto es formar nuevas creencias. Y el quinto paso es tomar acciones.

»Acá está lo interesante del modelo del profesor Argyris. Todos los humanos funcionamos de esa misma manera. Cada una de las personas en el mundo tiene sus propios modelos mentales que se desarrollan de acuerdo a sus experiencias, creencias, formación y desarrollo personal o profesional. Esto hace que cada persona sea un mundo completamente diferente. Es como si cada persona en el mundo tuviera puestos unos lentes con un filtro de color diferente. Si el mío es rojo, yo veré el mundo rojo y si el tuyo es azul, tú lo verás azul. Y podemos enfrascarnos en una discusión sin sentido donde los dos y ninguno tiene la razón. Y si alguno de los dos tiene la actitud del arrogante y adicional tiene una autoridad formal sobre el otro, seguramente impondrá su punto de vista. Es como el ejemplo típico del seis y el nueve, donde, dependiendo del lugar donde estés parado, podrás ver un número o el otro.

MODELO MENTAL

»La solución está del lado de la humildad. Entendí a través de los pasos de *la escalera de inferencias* a realizar las preguntas que me permitían entender el punto de vista del otro. Por qué ve la otra persona el mundo de ese color y así darme cuenta de que en la mayoría de casos no existe una única verdad. La verdad generalmente se desarrolla uniendo los puntos de vista de muchas personas a través de la diversidad y la empatía.

—Veo que ahora eres todo un experto, escucharte me hace sentir orgulloso. Has avanzado mucho para llegar a este punto hijo.

—En gran medida te lo debo a ti, abuelo. Conocer las prácticas de India, Japón, los países Nórdicos, la conversación con Ivannia y la filosofía estoica, me han dotado de las herramientas y la mentalidad para poder capitalizar el aprendizaje de Estados Unidos de una forma muy productiva.

»Continuando con lo que te contaba. El tercer elemento que aprendí es la comunicación asertiva. Dentro de ella, el elemento más importante para mí es aprender a escuchar. Para escuchar lo primero que debemos hacer es *vaciar la taza*. Una analogía maravillosa es que, si tengo mi taza de té llena no podré agregar más líquido, se regaría. Lo que quiere decir que, si consideramos que lo sabemos todo y no hay espacio para información nueva, será imposible escuchar, es otro modo de arrogancia. Tomando una actitud humilde y de apertura podemos pasar a escuchar. Para ello, el primer paso es una *obviedad obviada*, quedarnos callados. No solo me refiero a no emitir sonidos, sino también a callar nuestros pensamientos. Escuchar para entender, no para responder. El segundo paso es la concentración, poner todos nuestros sentidos en la persona que nos está hablando. El tercero es alentar. A través de comunicación no verbal, podemos expresar interés sobre lo que la persona está diciendo, incluso podemos pedir mayor detalle. El cuarto paso es resumir, hacer un *feedback* de escucha. Se trata de repetir con nuestras palabras lo que hemos entendido. El quinto paso es verificar, debemos asegurarnos de que el mensaje que entendimos es igual al que nos estaban transmitiendo. El sexto es aclarar a la otra persona que entendemos su punto (vemos lo que ve desde su óptica), y que este es válido. Con esto no decimos que estamos de acuerdo, simplemente que lo entendemos. El último paso es indagar. Debemos preguntar lo que sea necesario para tener certeza de que hemos entendido por completo.

—Lo que me compartes tiene una estructura muy simple de enseñar, esto podría mejorar significativamente las relaciones y aumentar el nivel de confianza, me encanta. Y, ¿qué hay de la indagación y la expresión?

—La indagación y la expresión, abuelo, son como dos caras de la misma moneda, ya que tienen las mismas tres partes. Debemos preguntar y expresar en tres tiempos, pasado, presente y futuro. Por ejemplo, para el pasado podemos preguntar, «¿por qué pienso eso?», o expresar las causas por las que llegaste a una conclusión, cuál fue su origen. En el presente, un ejemplo podría ser, «¿qué estás pensando?», o expresar lo que estés pensando. Y en futuro, sería, «¿qué quieres que pase, o qué te gustaría que pasara? Es decir, preguntar y expresar el por qué, el qué y el para qué.

—Me queda claro, hijo. Como decías, realmente es un tema de sentido común. Lo triste es que es muy poco común en las compañías.

—Abuelo, más que en las compañías, creo que es un problema de la humanidad. No se emplea en casi ninguna interacción. Trabajé con ejecutivos, deportistas, gerentes de diferentes niveles y personas en general en mis sesiones de *coaching*, y la gran mayoría de los problemas se traducen en estos elementos básicos.

—De acuerdo, y no solo son problemas de ahora, es algo que siempre vi. Lo que me parece fabuloso es que ya tienes una estructura para trabajarlo y darle solución.

—Sí, abuelo. Por fortuna he podido aprender y experimentar mucho durante mi carrera. Ahora quiero explicarte el siguiente punto. La coordinación, esto es algo fundamental. Ya que generalmente debemos trabajar en equipo y con varios equipos a la vez, ya no existen productos o servicios que pueda diseñar y desarrollar una sola persona. Dentro de los elementos de la coordinación encontramos, cómo hacer un pedido, cómo comprometerse con integridad, incluso cómo hacer un reclamo o dar una disculpa.

»Empecemos con los elementos para realizar un pedido. También es algo muy simple, pero igualmente ignorado. Para hacer un pedido, solamente debemos definir el *para qué*, dar contexto de lo que necesitamos. Luego el *qué*, que es expresar lo que necesitamos. Por último, crear un compromiso, lo cual es validar que la otra persona acepta el pedido en tiempo y forma. De manera simple sería, «con el fin de obtener A, te pido que entregues B en la fecha X, ¿te comprometes con ello?».

»El compromiso es la parte central de lo que aprendí en mi viaje. De este se deriva el poder lograr generar y mantener la confianza, por ello es fundamental entender cómo se debe actuar de manera que nuestra integridad siempre se mantenga. Como decía el maestro Yoda, «hacer o no hacer, no existe el intentar». Un compromiso tiene que ver con prometer, dar nuestra palabra de que vamos a hacer algo y, la contraparte podrá contar con ello. Es por esto que cuando hacemos un compromiso, debemos validar antes ciertas cosas. La primera es que podamos ser responsables, que tengamos la habilidad para responder y, por ende, podernos comprometer. Si dependemos de otras personas o áreas para poder cumplir, es necesario que se validen las responsabilidades con quienes desarrollarán la actividad a fin de determinar si efectivamente podemos comprometernos con el pedido que nos están realizando. Es importante recalcar que las únicas respuestas ante un pedido son: «Sí me comprometo», «no me comprometo» o «necesito claridad para poderme comprometer». Se deben evitar respuestas como: «Voy a intentarlo», «haré mi mayor esfuerzo», «creo que es posible» o cualquier otra similar. Estas respuestas son la razón de muchos conflictos organizacionales, debido a que aún no hay un compromiso, pero la persona que hace el pedido, ya cuenta con que esa labor se ejecutará.

—Esto que me explicas me parece realmente útil, hijo. ¿Qué pasa si, aun cuando pensamos que vamos a lograr lo que nos comprometimos, pasa algo que me impide lograrlo?, o en el caso de que alguien se comprometió con nosotros y no cumple. ¿Aprendiste algo para manejar estas situaciones?

—Sí, abuelo. Para el primer caso puedes efectuar una disculpa. La forma de hacerlo es simple. Debes avisar a la persona que te hizo el pedido con la mayor antelación posible. Tan pronto como dudes o sepas que no vas a cumplir, debes informarlo, adicionalmente debes indagar por los daños o la posible afectación que genere tu incumplimiento y posterior a ello hacer un nuevo compromiso que incluya acciones para mitigar el impacto por los daños generados. Es de tener muy presente que en este segundo compromiso se debe estar mucho más seguro, ya que no podemos romper dos veces una promesa. Eso acabaría con la confianza.

»La segunda parte se trata de cómo realizar un reclamo de manera efectiva. Para ello, debes primero asegurar con tu contraparte que el pedido fue claro y se efectuó un compromiso consciente, si no es el caso, se debe establecer un nuevo compromiso, pero en esta oportunidad validando que realmente sea uno consciente. Si el compromiso cumplía con lo establecido, se le debe informar a la persona que lo efectúo de los daños que genera el incumplimiento junto con su impacto. Adicionalmente, hacemos referencia a que la confianza ha sido vulnerada. Se debe indagar sobre las causas del incumplimiento y usar toda la información para establecer un nuevo compromiso, incluyendo acciones para mitigar el impacto de los daños causados. Si este se incumple de nuevo, hay que validar si vale la pena intentar salvar la relación. Siendo este el caso se debería tener una conversación más profunda, de lo contrario, debería romperse la relación.

—Totalmente de acuerdo contigo, hijo. Creo que si las personas en las organizaciones, en general, y los ejecutivos, en particular, entendieran el modelo que hoy me estás planteando, lograrían desarrollar un mejor desempeño a todo nivel.

—Sí, abuelo, las personas y organizaciones que emplean este modelo desarrollan un nivel mucho más alto de rendimiento y se reduce la tasa de errores por falta de coordinación. También aumenta el nivel de confianza entre las personas, lo que lleva a mejorar las relaciones y conseguir mejores resultados.

»Lo último que te quiero contar, abuelo, es la estructura que aprendí para poder tener conversaciones *one on one*. Y acá no te voy a hablar de *feedback*, a pesar de que aprendí varias técnicas para poderlo realizar de forma asertiva, he notado que la sola palabra genera barreras. Se usa de tantas maneras y muchas de ellas tan poco acertadas, que ya hoy genera predisposición hacia ella. Además, generalmente el *feedback* se da desde una posición de superioridad moral, donde uno habla desde una posición de verdad y le dice a otra persona lo que debe mejorar. Es la razón por la que es más efectivo emplear la conversación *one on one*, donde lo que se hace es evaluar el proceso o la relación desde una perspectiva *win-win*, construyendo con la otra persona la mejor manera de trabajar y de relacionarnos.

—Qué interesante, hijo. ¿Cómo funciona?, ¿tiene alguna estructura?

—Sí, abuelo, te explico. La conversación debe ser vista en tres momentos. Antes, durante y después.

»Antes de la conversación se debe preparar y estructurar. Algunos elementos clave a tener en cuenta son: Primero, prepararnos para la conversación, tener la actitud emocional, así como la disposición correcta para sostener la conversación. Lo segundo, tener claro el objetivo, cuál es el resultado que esperamos obtener después de la conversación. El tercer paso se trata de realizar la invitación, se debe buscar un momento adecuado, un lugar adecuado. La debemos citar teniendo especial cuidado con las palabras que empleamos. Por último, resaltamos las cualidades de la otra persona que nos pueden servir de apoyo para mejorar y lograr el objetivo que se ha planteado.

»Durante la conversación debemos tener en cuenta primero, explicar qué es lo que queremos resolver juntos, con especial énfasis en juntos. No podemos llegar a decir qué necesita mejorar la otra persona o qué necesito mejorar yo. Lo segundo, escuchar ideas de cómo considera nuestra contraparte que podemos mejorar y expresar las ideas que tengamos. El tercer paso es crear acuerdos con los cuales sintamos que vamos a lograr el objetivo de la conversación. Luego escogemos cada cuándo haremos seguimiento a los acuerdos, y así, validar si fueron efectivos. Al final abrimos un espacio para que podamos expresar las dos partes cómo nos sentimos con el flujo y resultado de la conversación.

»Después, simplemente enviamos un correo con los compromisos y acuerdos de la sesión, solo se lo enviamos a nuestra contraparte. Lo usamos como memoria de nuestra conversación y para ratificar que entendimos lo mismo al realizar los acuerdos.

—Para ti, de todo lo que aprendiste durante tu viaje por Estados Unidos, ¿cuál es el impacto que tiene una compañía por adoptar estas herramientas en su cultura de liderazgo?

—Sabes que soy una persona muy curiosa, creo que lo heredé de ti. El aprender estas herramientas y las técnicas para poder desarrollar una sesión de *coaching* adecuada, donde pueda contribuir positivamente en la vida de personas que lideran compañías, fue asombroso. Pude ver cómo al generar cambios en los modelos de comportamiento, poco a poco las relaciones se fortalecían, se generaba un ambiente de confianza y los resultados eran muy potentes. Aplicar este modelo en las organizaciones lleva a desarrollar una mentalidad de alto desempeño en todas las personas y potenciar el talento a través del trabajo en equipo. Es como pasar de hacer parte de un equipo de segunda división a jugar en el Barcelona o el Real Madrid.

—Me encanta, hijo. Todo lo que aprendiste en tu viaje me ha parecido muy interesante y una gran forma de complementar las habilidades que has ido practicando. Me alegra que hayas decidido empezar a desarrollar tu camino como *coach* y mentor. Recuerda la famosa frase, «todo gran poder, conlleva una gran responsabilidad». Y tu responsabilidad, ya que tienes la habilidad, será poder transmitir este conocimiento a más personas. Me encantaría saber que todo esto que hoy sabes ayude a más gente.

—Por ahora, abuelo, el rol de *coach* y mentor lo hago particularmente en mis equipos y esporádicamente con personas que me solicitan apoyo, pero buscaré el modo de llegar a más personas y poder ayudar.

—Me alegra mucho escucharlo. Sabes, he esperado mucho por este momento. Para serte honesto, no sabía cuándo se iba a presentar. Ahora estoy seguro de que estás listo para entregarte el fruto de mis años de trabajo. Hay algo que siempre he querido que hagas, y ahora estás capacitado para completarlo.

Herramientas y Prácticas de Estados Unidos, liderazgo digital

- OKR, *Objectives and Key Results*
  - *Objectives.*
    - Deben tener un plazo (ideal, no mayor a tres meses, aunque podrían ser más largos).
    - Retador pero alcanzable.
    - Significativos.
    - Inspiradores.
    - Concretos.
    - Orientados a la acción.
  - *Key Results.*
    - Específicos.
    - Agresivos.
    - Realistas.
    - Verificables
    - Medibles
    - La suma de la consecución de los *Key Results* deben garantizar el cumplimiento del objetivo de forma casi obvia.

- Responsabilidad

    - **Víctima.** Se expresa en tercera persona, las cosas le pasan y esta persona no tiene responsabilidad sobre ellas.

    - **Líder.** Se expresa en primera persona, se concentra en las cosas que puede influenciar y tiene bajo su control, así no las haya causado.

- Humildad

    - **Arrogante.** Siempre quiere tener la razón, no escucha, solo acepta las cosas que refuerzan o validan su punto de vista, las otras las omite.

    - **Humilde.** Escucha de forma empática. Entiende que, aunque tenga mucho conocimiento, siempre puede aprender más y construye entendiendo y uniendo todos los puntos de vista.

    - **Escalera de Inferencias.**

        - Seleccionamos los datos del pool de datos disponibles.

        - Realizamos suposiciones para llenar los vacíos.

        - Generamos conclusiones.

        - Reforzamos nuestras creencias.

        - Ejecutamos las acciones.

- Comunicación Asertiva

    - Escuchar.

- **Vaciar la taza.** Adoptar actitud de humildad.

- **Quedarnos callados.** No solo no emitir sonidos, también silenciar nuestros pensamientos.

- **Prestar atención**. Poner todos nuestros sentidos en la conversación.

- **Alentar.** A través de gestos o preguntas de soporte.

- **Resumir.** Debemos repetir con nuestras palabras lo que entendimos.

- **Verificar.** Se debe validar si lo que entendimos es igual al mensaje que se trataba de transmitir.

- **Validar.** Reconocer que la persona tiene un punto.

o Indagar y Expresa. Dos caras de la misma moneda.

- **Presente.** Indagamos o expresamos nuestra idea o razonamiento, ejemplo, «esta idea es revolucionaria». «Qué»

- **Pasado.** Indagamos o expresamos cómo se llegó a ese razonamiento, ejemplo, «¿qué te hace pensar eso?». «Por qué».

- **Futuro.** Indagamos o expresamos qué esperamos que pase, ejemplo, «esta idea nos traería más clientes». «Para qué».

- **Coordinación**
  - Elementos de un pedido.
    - **Para qué.** Delimitar el contexto y cuál es la razón del pedido.
    - **Qué.** Definir qué esperamos recibir, tanto en tiempo como en forma.
    - **Cerrar compromiso.** Asegurar que el pedido ha sido aceptado
  - Elementos de los compromisos.
    - **Responsabilidad.** Garantizar que se cuenta con la habilidad.
    - **Recursos y personas.** Validar o garantizar que se dispone de materiales, tiempo y personas.
    - **Cierre.** Aceptar, declinar o negociar los términos.
  - Reclamo.
    - **Validar el compromiso**. Debemos asegurar que el compromiso existía y que la persona era consciente de él.
    - **Conocer el contexto.** Entender los motivos del incumplimiento para poder encontrar una estrategia de remedición.
    - **Hacer un nuevo compromiso.** Crear un compromiso que no solo solucione el pedido, sino también que mitigue el impacto causado por el incumplimiento.

- Disculpa.

  - **Dar contexto.** Con la mayor oportunidad posible se debe explicar qué cambió y por qué no se logrará el pedido.

  - **Validar los daños.** Entender el impacto que generó y buscar alternativas para mitigarlo.

  - **Hacer un nuevo compromiso.** Reestablecer condiciones que permitan cuidar la relación y reestablecer la confianza.

- Conversaciones *One on One* para mejorar procesos o relaciones.

  - Antes.

    Preparación. Debemos buscar la correcta sensación emocional, encontrar el lugar y el momento adecuado.

    Definir el objetivo. Debemos tener claro cuál es el resultado que esperamos después de la conversación.

    Realizar la invitación. Debemos citar a la persona cuidando mucho las palabras que empleamos.

    Puntos positivos. Se deben tener claras las cualidades o virtudes de nuestra contraparte que se puedan usar para lograr el resultado.

  - Durante.

    Explicar el objetivo. Debemos explicar qué es lo que esperamos de la conversación, siempre desde una mirada de colaboración.

    Ideas. Debemos preguntar por ideas o expresar las propias, con las que creemos que podemos lograr el objetivo.

Acuerdos. Se deben definir acuerdos, tanto de las acciones a ejecutar como del seguimiento de las mismas.

Check out. Importante validar la sensación emocional con la que nos vamos los dos de la conversación.

- Después.

Memorias. Se debe redactar un correo como memoria de la conversación a nuestra contraparte para ratificar que ambos comprendimos lo mismo en relación con los acuerdos.

La promesa

8

Un camino de transformación y evolución.

«Cuando te perfeccionas, estás perfeccionando las vidas de quienes te rodean. Y cuando tienes el coraje de avanzar con confianza en la dirección de tus sueños, empiezas a beneficiarte del poder del universo.»

-Robin Sharma

Estaba maravillado con la historia que me acababa de compartir una de las personas que más admiro, Andrés González, un extraordinario Coach, mentor y conferencista de alto desempeño que me mostraba su viaje al éxito. El sol empezaba a asomarse desde el Este, y ese momento fue un destello de consciencia. Los primeros rayos del sol evidenciaron que llevábamos más de catorce horas hablando, eran casi las cinco de la mañana, el tiempo se había pasado volando.

—¡Increíble, ya es un nuevo día! —Exclamó Andrés mientras miraba a través de la ventana—. El tiempo se me ha ido volando.

—Muchas gracias, Andrés. Realmente he disfrutado mucho de esta historia. Tu abuelo y tu vida han sido alucinantes, realmente me siento agradecido contigo por haberla compartido.

—Fue todo gusto mi amigo, pero no olvides que no es gratis. Aún tienes una promesa por cumplir.

—Lo sé, lo sé —sonreí mientras lo miraba a los ojos—. Estaré feliz de cumplirla, pero, cuéntame Andrés, ¿qué era aquello que tu abuelo te iba a entregar?

—Vale, te voy a contar la última parte de esta historia.

—Me dejas sin palabras, abuelo. Por favor, dime de qué se trata.

—Hijo, durante muchos años estuve aplicando un método con el que ayudé a muchas personas y organizaciones a desarrollar una mentalidad de ganadores a través de las prácticas y herramientas que te he venido compartiendo durante los últimos años. A ese método lo nombré, SATORI.

—¡SATORI!, es un nombre extraño. ¿De dónde lo sacaste, abuelo?

—Bueno, realmente fue una palabra que aprendí en Japón. Estaba en Okinawa cuando la oí por primera vez. La palabra significa comprensión, pero no una cualquiera. ¿Alguna vez has sentido un relámpago de iluminación? ¿Un momento en el que sientes que comprendes todo?

—Sí, abuelo, creó que sí.

—Ahora, imagina que ese relámpago se transformara en una comprensión duradera que hace que todo en un instante se sienta perfecto, todas las dudas se disipen y aparezcan todas las respuestas, todo aconteciendo en un mismo instante de tiempo. Pues, ese es el significado de la palabra SATORI. Los maestros Zen se refieren a una iluminación personal repentina, análoga al momento de renacimiento espiritual experimentado por el Buda Gautama, el momento mismo en el que nació el budismo.

—Qué palabra tan hermosa, abuelo. Ahora entiendo su origen. La asocio con un momento *ajá*, o un momento *eureka*, ese instante cuando la idea perfecta, la solución buscada, llega repentinamente a nuestra mente.

—Así es, hijo, ese es el significado de SATORI. Se relaciona profundamente con el momento en el que Siddhartha despierta y se da cuenta de que la esencia de la vida está detrás de cuatro nobles verdades.

»La primera de ellas es que la vida no es perfecta, parte de existir, es convivir con la insatisfacción y el sufrimiento. La segunda es que el sufrimiento se deriva del deseo, sufrimos cuando no logramos tener lo que deseamos. La tercera, que el sufrimiento cesa cuando abandonamos el deseo y realizamos aceptación. La cuarta y última, es que existe el óctuple sendero, que busca encontrar un equilibrio entre la satisfacción y el sufrimiento.

—Qué curioso, los estoicos llegaron a conclusiones muy similares en épocas distintas y sin tener la posibilidad de comunicarse unos con otros.

—Así es, hijo, esto a mi modo de ver es parte de la sabiduría universal, es nuestra esencia como seres humanos. Todos, sin excepción alguna, tenemos dones maravillosos que pueden ser explotados y vivir una vida que valga la pena ser vivida, desarrollar comunidades, equipos, familias y compañías con personas que tengan los comportamientos de un profesional de alto desempeño. Imagínate, donde todas las personas puedan aprender las herramientas que te he compartido y las que tú, desde tu experiencia aprendiste y desarrollaste. Todos siendo profesionales de alto desempeño, sin importar su edad o a que generación pertenezcan.

»Imagínate si las empresas pudieran contar en sus filas con líderes en todos los niveles, que sean capaces de explotar todo su talento y sus mayores capacidades. En tu empresa, en tu comunidad y en tu familia, rodeado de personas que dominen su mente y tengan el don del autoliderazgo y el dominio mental de un monje budista. La disciplina y los valores del samurái. Los principios y las herramientas Nórdicas para la innovación, la sostenibilidad y la inclusión. El carácter y la voluntad de un estoico. Las herramientas y estructura para crear relaciones poderosas basadas en la confianza de la era digital. ¿Qué tal si todo eso fuera posible?

—Sería alucinante, abuelo. Algo que creo profundamente es que, si tenemos buenas personas, logramos buenas compañías y si tenemos buenas compañías, tendremos un mejor país.

—Así es, hijo, y te confieso que ese ha sido mi sueño. El día que lo descubrí fue mi primer momento SATORI, fue en Colombia. Estaba cerca del retiro cuando llegó ese momento de iluminación. Ese momento cuando entendí que todo mi camino había sido una ruta que debía recorrer para poder desarrollar el Método SATORI, nombrado así en honor a ese momento y con el propósito de difundir y generar momentos SATORI en las personas de diferentes organizaciones.

»Mi segundo gran momento SATORI ocurrió hace un par de minutos, justo cuando estabas contándome de tu experiencia en Estados Unidos. Me di cuenta de que tú tienes la capacidad, la experiencia y la actitud para difundir este método y ayudar a organizaciones a lograr resultados asombrosos. Así que me gustaría saber si tú, dentro de tu propósito y camino de vida, ¿te visualizas difundiendo este método por el mundo?

—Claro, abuelo, es algo que llenaría de orgullo y valor mi vida. No te lo había compartido, pero mi propósito es *ayudar a personas y organizaciones a encontrar y lograr sus propósitos*. Y, sí, el método SATORI es el camino perfecto para convertirlo en realidad.

—Siendo así, hijo, quiero que me prometas algo.

—Dime, abuelo. ¿Qué quieres que te prometa?

—Quiero que perfecciones el método SATORI, y que lo difundas tanto como te sea posible. Deseo que, a través de él, se puedan impactar a muchas más compañías y a muchas más personas. Espero que tú logres llegar a muchos lugares y desarrollar en ellos equipos y profesionales de alto desempeño. Personas que expresen todo su potencial, que desarrollen productos asombrosos, que amen lo que hacen y que generen un impacto positivo, personas y compañías que dejen huella.

—Claro que sí, abuelo, te lo prometo.

—*Ya van casi tres años desde ese día. Convencido de la promesa que le hice a mi abuelo, me dediqué a estructurar y perfeccionar el método, de modo tal que sea un viaje, una forma metafórica de poder transitar el camino que mi abuelo y yo recorrimos, poniendo las prácticas y las herramientas de cada cultura en un orden lógico que permitiera a compañías, equipos y personas, expresar todo el potencial innato que cada uno tiene, alcanzando resultados poderosos y sostenibles en el tiempo.*

—*Yo, como tu seguidor y amigo, puedo dar fe de que lo has logrado* —dije entusiasmado—, *tus charlas me han ayudado a ver muchas cosas nuevas y a implementar cambios en mi vida que me han llevado a lograr los resultados que me he propuesto. Ahora, después de nuestra conversación, siento que estoy listo para cumplir con mi parte.*

—*El propósito de mi abuelo y el mío es poder llegar a la mayor cantidad de personas y compañías posibles. Hoy lo hago como Coach, consultor, entrenador, mentor y conferencista. Quisiera hacer mucho más, pero mi agenda no siempre lo permite, hace tiempo que trabajo contigo en mentorías y entrenamientos, he notado tus capacidades, voluntad y disciplina. Te he contado mi historia y la que me transmitió mi abuelo e Ivannia, ahora te pido, más que como mentor, como amigo, que me ayudes a escribir el libro del método SATORI. Quiero que, a través de él, podamos crear una comunidad de personas que estén desarrollando su máximo potencial y poniéndolo al servicio de las compañías, los equipos y la sociedad en general. Me gustaría, amigo mío, que tú seas quien lidere esa iniciativa y con tu ayuda poder difundir este mensaje al mundo entero.*

Así fue como, aquel primero de abril, en la hermosa ciudad de Tokio, Andrés González, luego de haber compartido conmigo la noche entera su historia, me invitó a ser parte del proyecto SATORI, un método con el que buscamos generar y fortalecer las habilidades de personas, equipos y compañías para llevarlos al máximo rendimiento.

Si llegaste hasta aquí, quiero felicitarte, ya que has hecho más que la mayoría. Si adicionalmente has aplicado las herramientas o las prácticas, aún mejor, eso quiere decir que ya sabes lo poderoso que es este método. Si aún no las aplicas, te invito a hacerlo, nada que valga la pena es fácil, para seguir evolucionando debemos salir de nuestra zona de confort y sentir un poco de incomodidad.

Ahora, si quieres ser parte de esta comunidad, conocer más herramientas, hablar con otros curiosos practicantes, puedes hacerlo a través del siguiente link https://satorilatam.escalapages.com/comunidadsatori. Nuestra comunidad nació para acompañarnos y apoyarnos en cada desafío que enfrentemos como los guerreros que somos.

Si tú eres líder en una compañía, una comunidad o un equipo y quieres potenciar los resultados de las personas, que exploten su máximo potencial, desarrollando sus talentos, disminuir la rotación de personal y lograr resultados poderosos y sostenibles en el tiempo, con personas de cualquier generación, el método SATORI fue diseñado para ti. Únete a nuestra comunidad de miles de personas que han vivido y experimentado el poder de vivir a su máximo nivel, nuestro propósito es ayudarte a lograr el tuyo. No dudes en contactarnos, escríbenos al correo contactanos@satorilatam.com, estaremos atentos. Nos vemos del otro lado.

Si quieres mandarme tu opinión del libro, prefieres comentarme tu experiencia o tienes sugerencias que consideres útiles, por favor escríbenos al correo:

satoribook@satorilatam.com.

Epílogo

El *Management* tata sobre la administración de las organizaciones. Es a la vez una ciencia y un arte, mezclando conocimiento y saber hacer. Un gerente nunca puede tener éxito simplemente obteniendo un título o diploma en administración, debe saber cómo aplicar varios principios en situaciones reales de acuerdo con los problemas que se le presenten, para lograr objetivos predefinidos. Esto presupone una mezcla inteligente de conocimiento práctico, experiencia, teoría metodológica, empatía, orientación a resultados y creatividad. Es fundamental que esta dosis sea renovada, reinventarse cada vez, porque la receta del éxito de este día puede ser la del fracaso al otro.

La adaptación y la comprensión del contexto en el que evolucionamos son centrales. De cada experiencia, de cada contexto, el gerente aprende y se adapta. En un entorno internacional, estos desafíos son continuos. En nuestra era de profunda transformación en las organizaciones, estas adaptaciones se vuelven cruciales, debido a que las crisis se suceden sin interrupción, incluso ahora son diarias.

Después de haber trabajado en varios continentes (Europa, África, América Latina), liderando y experimentando contextos de profunda e intensa transformación, me he acostumbrado a medir lo que aprendo de cada experiencia. Por lo que concluyo que me hubiera gustado mucho tener un libro como este al principio de mi carrera. Innegablemente me habría permitido ahorrar un tiempo considerable, evitar ciertos errores, entender lo que estaba sucediendo e impedir la ceguera ante situaciones decisivas. Por lo tanto, acojo con entusiasmo esta hermosa iniciativa que, espero, permita que cualquier actor de cualquier nivel en nuestras organizaciones, gane confianza entre la complejidad del mundo que lo rodea.

Yann Ygouf
VP Technology & Digital Transformation chez
BNP Paribas Cardif

Agradecimientos

Este libro es un trabajo muy especial para mí. Con su publicación pude cumplir varios sueños. Primero, mi deseo de compartir información de interés y que aporte valor al mundo. El segundo, potenciar el modelo que vengo desarrollando durante varios años. El tercero, crear un legado, una obra que trascienda a mi propia existencia. Pero ninguno de estos sueños sería posible sin las personas maravillosas que me han acompañado en este camino, algunos de ellos han sido mis mentores, sin conocerme, otros lo han hecho desde su corazón, los últimos, son quienes me brindan la energía para cada día.

Mis mentores ocultos o aquellos que me han enseñado mucho a través de sus obras son: Fredy Kofman, por sus libros, en particular, *La empresa consciente*. Sus cursos, videos, charlas y artículos me han servido para aprender bastante y para potenciar mis habilidades. Muchas gracias, Fredy.

El segundo es, Robín S. Sharma. No me conoces aún, pero encontré mucha inspiración en tus obras, y en especial, en la forma en que las cuentas. Eres un escritor muy talentoso y tu capacidad de narrar me hace alucinar, disfruto mucho leer tus libros y cada vez que lo hago, aprendo cosas nuevas. Muchas gracias, Robín.

El tercero es, Viktor Frankl. Soy una persona que siempre ha buscado un sentido a la vida, y encontré en ti y un legado de mucho aprendizaje. Descubrí la magnificencia y la humildad de quien, a pesar de su altísimo nivel intelectual, siempre tuvo como mayor objetivo ayudar a los demás. Tu propósito de ayudar a otros a encontrar sentido en sus vidas ha sido tan poderoso, que aun después de tu muerte, lo sigues consiguiendo. Me ayudaste e inspiraste para encontrar un sentido en mi vida y me orientaste a aprender sobre estoicismo, lo cual me cambió la visión de todo. Muchas gracias, Viktor.

De forma menos presente, pero también muy valiosa, quiero agradecer por servirme de mentores a: Marcos Vázquez, Nicholas Taleb, Daniel Pink, Simon Sinek, Jurgen Appelo, John Doerr, Napoleón Hill, Mike Rother, Epicteto, Séneca y el gran Marco Aurelio. Todos ustedes son parte de mi vida y gracias a ustedes he creado mi conocimiento y desarrollado mis habilidades.

De manera más directa, quiero agradecer a: Juan Pablo (Neo) Bernal, quien me inspiró a trabajar por los demás y a buscar mi crecimiento ayudando a otros también a crecer. Muchas gracias, Neo. Yann Ygouf, fuiste un líder inspirador, una persona excepcional, me mostraste que se pueden conseguir resultados extraordinarios siendo persona y logrando tener la vida en equilibrio. Muchas gracias, Yann. Ivannia Murillo, tú fuiste la primera en creer en SATORI, desde el día en que te conocí hasta hoy, siempre has estado presente generando oportunidades para que podamos seguir avanzando, eres una persona maravillosa, una profesional impresionante y una lideresa que refleja coherencia y amor mientras consigues cada resultado que te propones. Muchas gracias, Iva. Mi gran amigo, Marcio, nunca olvidaré nuestras primeras charlas en Madrid, fuiste un faro que me ayudó y sigue ayudando a encontrar el mejor camino.

También quiero agradecer a Marcel Verand, sin tu mentoría y apoyo, este libro jamás hubiera visto la luz, qué grande eres

Marcel, muchas gracias. Edwin Forero y Caiman Digital, hicieron un espléndido trabajo en el tema de realidad aumentada, le dieron el toque de modernidad que quería transmitir en el libro, muchas gracias por su trabajo y apoyo, sin ninguna duda, de excelente calidad. David Manangón, creo que hubiera sido imposible que mi libro estuviera en mejores manos, tu trabajo como consultor y editor fue impecable. Gracias a ti este libro llegó a un nivel tan alto, mi admiración para ti, amigo, eres un grande, en verdad estoy agradecido de que fueras tú el editor de mi libro.

También me gustaría agradecer a todos mis alumnos, a todas las personas que han vivido y sentido en carne propia el método SATORI, su *feedback*, comentarios y experiencias han sido la inspiración para potenciar este método. Ya somos algunos cientos y espero que pronto seamos miles y millones. Gracias a todos.

Quiero agradecerte a ti y a cada uno de mis apreciados lectores, por todo el tiempo que han dedicado para leer e implementar algunas de las prácticas y herramientas que propongo aquí. Espero de corazón que este libro les sea útil, no solo ahora, sino que cada ocasión que enfrenten alguna de las situaciones o desafíos en los que las herramientas que mostré, sean útiles.

No quiero dejar de agradecer a cada una de las personas con la que he tenido la oportunidad de interactuar, mis equipos, mis compañeros y mis líderes, de todos y cada uno he aprendido cosas que me han permitido ser quien soy y que haya publicado este libro. A todos y todas, muchas gracias.

Por último, quiero agradecer a mis hermanas, su apoyo y confianza me han servido de inspiración durante toda mi vida. Gran parte de quien soy ahora y de lo que se lee en este libro es una realidad gracias a ustedes. A mi mamá, siempre has sido mi motor, eres la razón de mi existencia y de la motivación para hacer todo lo que hago, has sido un ejemplo para mí y te lo debo todo. Ma, muchas gracias, te amo. Y a ti, Karina Charry, mi compañera, mi consultora, mi mentora, mi vida. Qué bendición tenerte en mi vida, tus consejos, tu acompañamiento, tu paciencia y, sobre todo, tu amor, son las razones que llevaron a que este libro viera la luz. Te amo, Kari, muchas, muchas gracias.

Caiman Digital

Es una productora audiovisual enfocada en el uso de nuevos medios (realidad virtual, realidad aumentada y videos 360°), los cuales permiten una interacción directa con los usuarios, dejando una experiencia enriquecedora para cualquier tipo de proyecto.

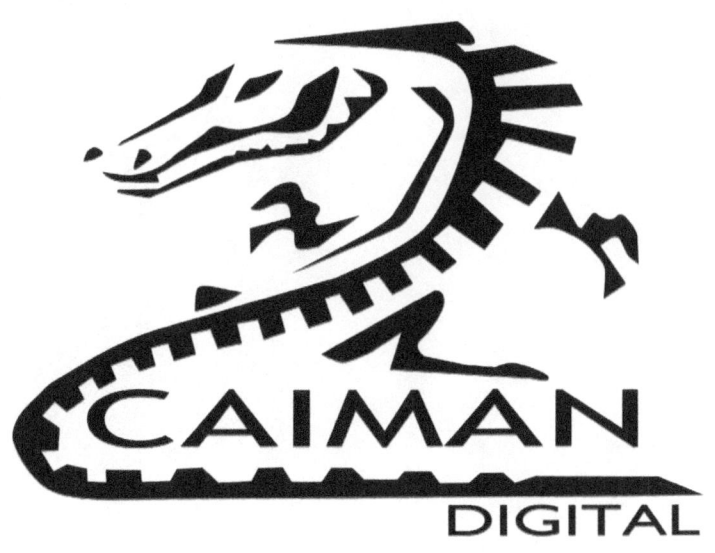

*Activa tu cámara.

www.ingramcontent.com/pod-product-compliance
Lightning Source LLC
Chambersburg PA
CBHW031628210526
45464CB00004B/1797